SOCIALISTISCH FEMINISME IN REVOLUTIONAIR RUSLAND

Teksten door Emma Quinn, Saana Tausi, Zetkin, Kollontaj, Lenin en Trotski

BRUSSEL
MARXISME.BE
MMXXIV

INHOUD

VROUWEN- EN LGBT-RECHTEN IN REVOLUTIONAIR RUSLAND

DOOR EMMA QUINN (2017)

Er is wereldwijd een politisering van jongeren rond de onderdrukking van vrouwen en LGBT-mensen. Dit leidt tot nieuwe discussies over hoe we een einde kunnen maken aan discriminatie en ongelijkheid. EMMA QUINN kijkt naar de ervaring van de Russische Revolutie en de radicale progressieve maatregelen die door de Bolsjewieken werden doorgevoerd in wat gezien werd als de eerste stappen naar volledige bevrijding van deze twee onderdrukte groepen.

Geen enkele gebeurtenis in de geschiedenis werd door het kapitalistische establishment meer verdraaid dan de Russische Revolutie. De vele herzieningen van de geschiedenis van de revolutie maken dat de rol van vrouwen amper nog vermeld wordt en ook over de enorme verworvenheden van vrouwen na de revolutie wordt gezwegen.

Het omverwerpen van het kapitalisme en het grootgrondbezit door de Bolsjewieken en de Russische arbeidersklasse in 1917 leidde tot radicale maatschappijverandering, een radicale verandering die we voorheen of nadien niet zagen. De Bolsjewieken konden de macht grijpen omdat ze de stem van de onderdrukte massa's, werkenden, armen en vrouwen waren. De enorme ongelijkheid en onderdrukking zijn vandaag scherper dan ooit, de rijkste 1% zijn rijker dan de andere 99% van de wereldbevolking. Tegen de achtergrond van deze groeiende ongelijkheid, gaat de onderdrukking van vrouwen en de LGBT-gemeenschap wereldwijd verder. Ook in de meeste ontwikkelde landen is dit het geval. Het leidt tot een politieke bewustwording van jongeren. In deze context is het nuttig om lessen te trekken uit het verleden, zeker de ervaringen van de Russische Revolutie zijn daarbij van groot belang.

De Bolsjewieken benadrukten het belang van de volledige arbeidersklasse om de samenleving te veranderen. Maar tegelijk erkenden ze dat vrouwen een dubbele onderdrukking ondergaan onder het kapitalisme en het plattelandspatriarchaat. Voor de Bolsjewieken was de bevrijding van vrouwen cruciaal in de strijd voor een socialistische samenleving. Lenin benadrukte dit toen hij in 1920 stelde dat *"de arbeidersklasse de volledige zege niet kan behalen zonder de volledige emancipatie van de vrouw te hebben bevochten."* (1) Vrouwen speelden een leidinggevende rol in de Bolsjewistische partij, zowel op nationaal als lokaal vlak. De impact van de revolutie veranderde het bewustzijn en het leven van werkende vrouwen.

ANTI-OORLOGSAGITATIE EN BOLSJEWISTISCHE VROUWEN

In de aanloop naar de revolutie speelden vrouwen een belangrijk rol in de val van het tsaristische regime en de overwinning van de Bolsjewieken. Meer dan gelijk welke andere kracht begrepen de Bolsjewieken het belang hiervan. Toen tienduizenden vrouwen in februari 1917 op straat kwamen, in gebeurtenissen die zouden leiden tot de Februarirevolutie, was dit rond eisen voor rechtvaardigheid en vrede, alsook brood.

Het protest begon op de internationale vrouwendag, een herdenking die Rusland pas vier jaar eerder bereikt had via de Bolsjewistische activiste Konkordia Samoilova (2). Bolsjewistische vrouwen speelden een belangrijke rol in de voorbereiding van de betoging. Ze vormden vrouwenkringen die onder werkenden en soldatenvrouwen campagne voerden, zelfs indien de autoriteiten dit probeerden tegen te gaan. De Bolsjewieken, waaronder veel vrouwelijke leden, gingen gebukt onder zware repressie omwille van hun verzet tegen de Wereldoorlog. Velen werden gevangen genomen of moesten vluchten. Samen met de brutale gevolgen van de oorlog voor de werkende bevolking, gaf dit aanleiding om de internationale vrouwendag te vieren met anti-oorlogsbetogingen. Op 23 februari 1917 betoogden werkenden in Petrograd met de vrouwen vooraan. Ze riepen iedereen op om de betoging te vervoegen, ook de soldaten werden gevraagd om mee te doen.

INTERNATIONALE VROUWENDAG 1917

"Op de internationale vrouwendag, 23 februari 1917, werd een staking uitgeroepen in de meeste fabrieken en werkplaatsen. Er was een militante sfeer onder de vrouwen, niet alleen onder de werkende vrouwen maar onder alle vrouwen die aanschoven voor brood en brandstof. Ze hielden politieke meetings, ze domineerden de straten, ze trokken naar het stadhuis met de eis van brood. Ze hielden trams tegen. 'Kameraden, kom naar buiten', riepen ze enthousiast. Ze trokken naar fabrieken en werkplaatsen en vroegen er iedereen om het werk neer te leggen. Vrouwendag werd een enorm succes en zorgde voor een revolutionaire sfeer," schreven Anna en Mariia Ul'ianov op 5 maart 1917 in de Pravda. (3)

De Bolsjewieken erkenden het belang van de radicalisering van vrouwen in de zomer die op de Februarirevolutie volgde. Er ontstond een stakingsgolf onder het was- en schoonmaakpersoneel, de dienstensector, huispersoneel, winkelbedienden en horecapersoneel. De Bolsjewieken stonden vooraan in het organiseren van vrouwelijke arbeiders. Zeker de vrouwelijke Bolsjewieken ondernamen enorme inspanningen om werkenden en soldatenvrouwen te bereiken. Ze bouwden een basis uit onder deze pas politiek bewust geworden laag van vrouwen. Dit gebeurde ondanks de moeilijkheden van ingebakken seksisme, huishoudelijke verplichtingen en analfabetisme. Sofia Goncharskaia, een lid van de Bolsjewieken, leidde de vakbond van wasserijpersoneel en speelde een centrale rol in de acties. (4) Revolutionaire vrouwen vormden studiegroepen onder stakers in een poging om de vrouwen te politiseren en te vormen. Doorheen de staking werden vrouwen naar de bredere arbeidersstrijd getrokken en werd hun klassenbewustzijn versterkt. Toen de Bolsjewieken aan de macht kwamen in oktober, waren er meer vrouwen die het Winterpaleis bestormden dan dat er waren om het te verdedigen. Nochtans wordt nu vaak het tegenovergestelde beweerd.

MEEST PROGRESSIEVE WETTEN IN DE GESCHIEDENIS

Op 17 december 1917, amper zeven weken na de vorming van de eerste arbeidersstaat ter wereld, werd het kerkelijke huwelijk afgeschaft en werd een gemakkelijke vorm van echtscheiding mogelijk. Een maand later werd een nieuwe familiewet ingevoerd. Deze wet vertrok van de wettelijke gelijkheid van vrouwen en maakte een einde aan de mogelijkheid om kinderen als 'buitenwettelijk' te bestempelen. Het belang van deze maatregelen voor de Bolsjewieken wordt duidelijk uit de timing. Op hetzelfde ogenblik probeerde de nieuwe regering de Wereldoorlog te stoppen, een burgeroorlog te vermijden, de landbouwersbevolking te bevrijden en de industrie en de economie opnieuw op gang te krijgen.

Doorheen de jaren 1920 werd de familiewet verder aangepast op basis van publieke discussies en debatten. Van bij het begin kwamen de Russische socialisten op voor gelijkheid voor vrouwen, de Bolsjewieken wezen erop dat de vrouw vastgeketend was in het traditionele gezin. Voor de revolutie was het leven van vrouwen erg strikt vastgelegd: trouwen, monogaam blijven, kinderen op de wereld zetten en het *"afstompende werk in de keuken en in het algemeen van de individuele huishouding."* (5) De levenskwaliteit van vrouwen was nooit een punt, hun geluk en plezier was niet relevant. De Bolsjewieken gingen daar meteen tegen in, ze streden ook tegen de rol van de Orthodoxe kerk en het patriarchaat.

Inessa Armand, de voorzitter van de Zhenotdel, het vrouwenbureau dat werd opgezet, verklaarde: *"Zolang de oude vormen van het gezin, het huishouden en het opvoeden van kinderen niet afgeschaft worden, zal het onmogelijk zijn om uitbuiting en huisslavernij te stoppen, het zou onmogelijk zijn om het socialisme op te bouwen."* (6)

TRADITIONELE GEZIN UITGEDAAGD

De revolutie deed een heldhaftige inspanning om het zogenaamde 'gezinshart' te bestrijden. Er werden plannen ingevoerd voor een systeem van sociale zorg met onder meer moederhuizen, kinderopvang, ziekenhuizen, scholen, sociale restaurants en wasplaatsen … Het moest de vrouwen de mogelijkheid bieden om aan de verplichtingen van het huishoudelijk werk te ontsnappen. Er kwam betaald moederschapsverlof voor en na de geboorte voor vrouwelijke arbeiders en toegang tot zorgkamers op de werkplaatsen om borstvoeding mogelijk te maken, met pauzes om de drie uur voor elke moeder. Dit alles werd wettelijk vastgelegd.

Abortus werd gelegaliseerd in 1920 en werd door Trotski omschreven als een van *"de meest belangrijke civiele, politieke en culturele rechten"* van vrouwen. (7) Abortus was gratis en beschikbaar via de overheid. Werkende vrouwen genoten voorrang.

In november 1918 was er de eerste al-Russische conferentie van werkende vrouwen. De bijeenkomst werd georganiseerd door Aleksandra Kollontaj en Inessa Armand. Er waren meer dan duizend aanwezigen. De organisatoren benadrukten opnieuw dat de emancipatie van vrouwen hand in hand samenging met de opbouw van socialisme. (8)

Kort nadat deze veranderingen doorgevoerd werden, begonnen de reactionaire krachten een burgeroorlog in een land dat reeds hard geleden had onder de Eerste Wereldoorlog. Kort na het begin van de burgeroorlog werd het vrouwenbureau, of Zhenotdel, opgezet. Het doel was om vrouwen te bereiken, hen actief te krijgen en hen te vormen en informeren over hun nieuwe rechten. Het vrouwenbureau organiseerde klassen om te leren lezen en schrijven, voor politieke discussies en workshops over hoe faciliteiten zoals dagzorg op de werkplaatsen georganiseerd worden, ... Afgevaardigden van vrouwen uit de fabrieken namen deel aan vormingen van het vrouwenbureau die soms drie tot zes maanden duurden. Nadien gingen ze terug naar hun werkplaats waar ze verslag uitbrachten aan hun collega's.

Het vrouwenbureau was erg succesvol in het versterken van het bewustzijn onder brede lagen van de werkende vrouwen, onder meer rond thema's als kinderopvang, gezondheid in huis en op het werk. Het vrouwenbureau verbreedde de horizon van duizenden vrouwen. Tegen 1922 bedroeg het aantal vrouwelijke leden van de Communistische Partij meer dan 30.000.

Ondanks de tekorten als gevolg van de oorlog, voorzag het Rode Leger een speciale trein voor het vrouwenbureau en werd toegang tot het spoornet verleend waardoor het land kon doorkruist worden om lokale afdelingen van het vrouwenbureau uit te bouwen. Duizenden vrouwen sloten er zich bij aan. De afdelingen hielden zowel kleine als grotere bijeenkomsten en discussiekringen die ingingen op thema's die vrouwen specifiek raken.

Kristina Suvorova, een huisvrouw uit een kleine stad in het noorden van het land, omschreef de verhoudingen en het gevoel van betrokkenheid die er was in de wekelijkse vergaderingen tussen soldatenvrouwen als haarzelf en de lokale partijsecretaris van de Bolsjewieken. *"We spraken over vrijheid en gelijkheid van vrouwen, over warme wastafels voor het spoelen van kledij, we droomden over lopend water in het appartement. Het lokale partijcomité behandelde ons met oprechte aandacht, er werd respectvol naar ons geluisterd, delicaat gereageerd op fouten, beetje bij beetje werd ons wijsheid en rede bijgebracht. We voelden ons als een gelukkige familie."* (9)

SEKSUELE VRIJHEID

Doorheen de postrevolutionaire periode zorgden de Bolsjewieken ervoor dat er een breed debat over seksualiteit was. Dat was een groot verschil met het vorige regime. De Bolsjewieken deden dit op een ogenblik dat ze moesten vechten om stand te houden in afwachting van socialistische revoluties in andere landen. Maar ze deden het omdat het direct voortvloeide uit de filosofie van zelfemancipatie van de arbeidersklasse.

De veranderingen op vlak van gezin en familiestructuur zorgden ervoor dat velen op een compleet andere manier naar relaties gingen kijken. In 1921 was er een onderzoek door de Communistische Jongeren naar de houding van mensen tegenover relaties. Daaruit bleek dat 21% van de mannen en 14% van de vrouwen het huwelijk ideaal vonden. 66% van de vrouwen was voorstander van langdurige relaties op basis van liefde en 10% was voorstander van relaties met verschillende partners. In 1918 waren er 7.000 echtscheidingen tegenover slechts 6.000 huwelijken in Moskou.

Aleksandra Kollontaj verdedigde de radicale veranderingen en legde uit: *"Het oude gezin waarin de man alles was en de vrouw niets, het typische gezin waarin de vrouw geen eigen wil had, geen tijd of geld, dat verandert nu allemaal voor onze ogen."* (10)

De Bolsjewieken dachten dat relaties moesten gebaseerd zijn op vrije keuze en overeenstemming van persoonlijkheden, niet op financiële afhankelijkheid. Er werd geprobeerd om het patriarchale gezin te ondermijnen door publieke diensten aan te bieden die huishoudelijk werk vervingen en voor vrije tijd zorgden. Dit werd gezien als onderdeel in de opbouw van het socialisme.

Tussen 1917 en begin jaren 1920 waren er tal van discussies over seksualiteit en waren er overal in het land experimenten. Er verschenen honderden pamfletten, magazines en novelles over seksualiteit. De radicalisering van de samenleving stopte niet na de revolutie. De Pravda bracht heel wat artikels en brieven over seksualiteit. Jongeren waren in het bijzonder bezig met het ontdekken van hun seksualiteit. De jonge vrouw Berakova schreef in 1927 in de 'Rode Student': *"Ik vind dat meisjes zoals wij, hoewel we nog geen volledige gelijkheid met mannen bereikt hebben, een visie en gevoel hebben. De tijd van de prinsesjes is voorbij. Onze meisjes weten wat ze willen van een man. Zonder zich zorgen te moeten maken, slapen ze met mannen omwille van een gezonde aantrekkingskracht. Wij zijn geen objecten of simpele wezens die door mannen het hof moeten gemaakt worden. Meisjes weten zelf wie ze kiezen en met wie ze slapen."* (11)

Dit verscheen in een land waar tien jaar eerder abortus, echtscheidingen en homoseksualiteit nog wettelijk verboden waren.

Prostitutie werd bewust gedecriminaliseerd in 1922, maar pooierschap werd verboden. Er waren ziekenhuizen die vrouwen met seksueel overdraagbare aandoeningen behandelden en meteen ook vorming gaven aan vrouwen. Trotski omschreef prostitutie als: *"de enorme degradatie van vrouwen in het belang van mannen die het kunnen betalen."* (12)

De wetten over seksuele misdrijven onder de Bolsjewieken vielen op door hun gender neutraliteit en verwerping van moraliteit of morele benadering. De wet omschreef seksuele misdrijven als *"inbreuken op de gezondheid, vrijheid en waardigheid"* van het slachtoffer. Verkrachting werd door de wet omschreven als *"seksuele betrekkingen zonder wederzijdse toestemming op basis van ofwel fysiek ofwel psychologisch geweld."* (13)

Tegen 1921 was de burgeroorlog voorbij. Er waren miljoenen slachtoffers gevallen, de industrie was verwoest en er heerste honger en ziekte. De middelen van de staat kwamen niet overeen met de visie en bedoelingen van de revolutionairen. De economie stond aan de rand van de afgrond. Tegen 1921 moesten verregaande maatregelen genomen worden, de regering voerde de Nieuwe Economische Politiek (NEP) in met een reeks marktmechanismen om de economie gaande te houden terwijl gehoopt werd op steun van de internationale arbeidersklasse via een revolutie in Duitsland, een grote kapitalistische economie met een massale arbeidersbeweging die revolutionaire oprispingen kende. De NEP was een poging om de productie in deze context overeind te houden, maar het leidde wel tot besparingen in diensten om de arbeidersstaat te behouden terwijl voor een internationale verspreiding van de revolutie werd opgekomen.

In deze context kon de staat financieel niet instaan voor de kinderzorg. Het kwam vaak voor dat mannen de moeders lieten zitten. De staat begon dan maar steun te geven aan vrouwen die alleen moesten instaan voor hun gezin. Er kwamen brochures en pamfletten zodat vrouwen hun rechten kenden. De rechtbanken trokken de kant van de vrouwen en stelden de belangen van het kind centraal, voor de financiële belangen van de man. Er was zelfs een rechterlijke uitspraak waarin drie mannen moesten bijdragen aan een moeder die een relatie had gehad met drie potentiële vaders van een kind.

LGBT-LEVENS OMGEVORMD

De Russische Revolutie veranderde het leven van LGBT-mensen. Onder het tsarisme was homoseksualiteit verboden, 'sodomie' was illegaal, lesbische relaties werden net als vrouwelijke seksualiteit in het algemeen genegeerd. Na de revolutie werd homoseksualiteit gedecriminaliseerd, alle anti-homoseksuele wetten verdwenen toen de nieuwe strafwet in 1922 tot stand kwam.

In zijn werk 'Seks en seksualiteit in Rusland' beschrijft Jason Yanowitz de impact van de revolutie op gays, lesbiennes en transgenders. Overgeleverde biografieën tonen hoe veel homo's en lesbiennes van de revolutie gebruik maakten om openlijk hun leven te leiden. Huwelijk tussen mensen van hetzelfde geslacht werd wettelijk mogelijk, maar door een gebrek aan onderzoek is het niet duidelijk hoe breed verspreid dit was. Maar er is bewijs van minstens één rechtszaak waarin werd bevestigd dat een huwelijk tussen mensen van hetzelfde geslacht legaal was. Er waren ook mensen die beslisten om te leven met een ander gender, tegen 1926 werd het legaal mogelijk om van gender te veranderen in de officiële administratie. Interseksuelen en transgenders kregen medische begeleiding in plaats van gedemoniseerd te worden. Er was staatssteun voor onderzoek naar deze thema's en er werd toestemming gegeven voor geslachtoperaties indien de patiënt daarom verzocht. Openlijke homo's en lesbiennes konden dienst doen in de regering en in publieke posities. Georgi Tsjitsjerin bijvoorbeeld werd in 1918 aangesteld als commissaris voor Buitenlandse Zaken. Hij was openlijk homo en hield er een flamboyante stijl op na. Het is ondenkbaar dat zo iemand een zelfde rol zou gespeeld hebben in een kapitalistische staat.

In 1923 trok de commissaris van Gezondheidszorg met een delegatie naar het instituut voor seksuele wetenschappen in Berlijn. Hij omschreef er de nieuwe regels rond homoseksualiteit als *"doelbewust emancipatorisch, breed aanvaard in de samenleving waarbij niemand de nieuwe regels wil terugtrekken."* (14)

STALINISTISCHE CONTRAREVOLUTIE RICHT ZICH TEGEN VERWORVENHEDEN

De jarenlange oorlog tegen de aanhangers van de tsaar en de imperialistische legers die de nieuwe arbeidersstaat liefst meteen de kop wilden indrukken en het ongewenste isolement van de revolutie na de nederlagen van de Duitse revolutie en andere opstanden in Europa, waren de voorwaarden waarop een bureaucratie onder Stalin aan de macht kon komen. Dit was een politieke contrarevolutie waarin Stalin en de bureaucratie autoritaire maatregelen gebruikten om het bewustzijn van de arbeidersklasse, het activisme en de democratie te ondermijnen. Ze gebruikten hun autoriteit ook om overwinningen van de socialistische beweging in het buitenland te vermijden. Alles stond in het teken van de privileges van de bureaucratie aan de top van de geplande economie.

Deze contrarevolutie zette de strijd voor socialisme op een zijspoor, het deed afbreuk aan de zoektocht naar een samenleving waarin democratie in elk onderdeel ingebakken zit. Tegelijk werd bewust ingegaan tegen de verworvenheden van vrouwen en LGBT-mensen. Progressieve wetten verdwenen. Homoseksualiteit werd opnieuw verboden. Het patriarchale gezin werd gepromoot als methode tot sociale controle. In het bekende arbeidslied 'Bread and Roses' uit het begin van de 20ste eeuw wordt gezongen: *"de opkomst van de vrouwen, betekent de opkomst van ons allemaal."* Dit vat samen waarom de bureaucratie de verworvenheden van vrouwen moest aanvallen om het bewustzijn terug achteruit te duwen en daarmee ook het activisme en de betrokkenheid in het algemeen.

BLIJVENDE BRON VAN INSPIRATIE

De opkomst van de bureaucratie en het verraad van de revolutie door Stalin, doen geen afbreuk aan het belang van de Bolsjewieken en hun programma. Nooit voorheen speelden vrouwen zo'n grote rol in de politiek. Nooit voorheen was er een leiding of politieke kracht die zo bewust probeerde de steun van vrouwen en de LGBT-gemeenschap te verwerven en die hun levenskwaliteit en geluk centraal stelde. Een aantal verworvenheden van de Russische Revolutie een eeuw geleden zijn tot op vandaag niet bekomen in tal van landen. Denk maar aan Ierland waar de nauwe banden tussen kerk en staat nog steeds leiden tot een grondwettelijk verbod op abortus. De Oktoberrevolutie blijft een onmiskenbaar en inspirerend voorbeeld van de nauwe verbondenheid van de strijd tegen alle vormen van onderdrukking met arbeidersstrijd voor socialistische verandering. Het is ongelofelijk dat bijvoorbeeld bepaalde rechten voor transgenders werden erkend terwijl de bewegingen voor vrouwenbevrijding of de homobeweging pas decennia later zouden ontstaan.

Het kapitalistische herstel in Rusland was rampzalig. Het neoliberale kapitalisme zorgde voor een tijdperk van snel aftakelende levensstandaarden. Samen met de vreselijke onderdrukking van de LGBTQ-gemeenschap in Rusland toont dit het door en door reactionaire karakter van het kapitalisme. Het kapitalisme in Rusland heeft niet geleid tot vooruitgang en democratie. Verworvenheden die een eeuw geleden door marxisten bekomen werden, staan lijnrecht tegenover het conservatieve bewind van Poetin waardoor Rusland een van de gevaarlijkste landen ter wereld is voor LGBTQ-mensen.

De beweging die in de lente van 2015 in Ierland ontstond rond het homohuwelijk en de groeiende beweging in Noord-Ierland voor ditzelfde recht, is een uitdrukking van het feit dat arbeidersgemeenschappen sociale en economische gelijkheid willen en bereid zijn om tegen het establishment in te gaan. Vrouwen dragen een groot deel van de gevolgen van het harde besparingsbeleid. Vrouwen speelden een centrale rol in het referendum over het homohuwelijk maar ook in de strijd tegen de waterbelasting.

De Russische Revolutie toont dat de werkende klasse de sterkste kracht in de samenleving is. Een bewuste uitbouw van een beweging voor de 99% kan een einde stellen aan de enorme ongelijkheid voor vrouwen, voor de LGBTQ-gemeenschap en voor de armen. Zoals de Bolsjewieken moeten we beseffen dat het kapitalisme niet kan verslagen worden zonder de betrokkenheid van de vrouwen en de arbeidersvrouwen in het bijzonder. Zij zullen mee vooraan staan in de strijd tegen de 1%.

VOETNOTEN

1. VI Lenin, 'Over de emancipatie van de vrouw', Progress uitgeverij 1977, p. 72
2. Jane McDermid en Anna Hillyar, 'Midwives of the Revolution – Female Bolsheviks and Women workers in 1917', UCL Press, 1999, p 67-68
3. p 8
4. p 9
5. VI Lenin, 'Over de emancipatie van de vrouw', Progress uitgeverij 1977, p. 77
6. Karen M Offen, 'European Feminism 1700-1950', Standford University Press 2000, p. 267
7. Leon Trotski, 'De Verraden revolutie', marxisme.be 2015, p. 143
8. Barbara Alpern Engel, 'Women in Russia 1700-2000', Cambridge University Press 2004, p. 143
9. p. 142
10. Alexandra Kollontai, 'Communism and the Family', 1920
11. Uit Jason Yanowitz's podcast, 'Sex and Sexuality in Soviet Russia', http://wearemany.org/a/2013/06/sex-and-sexuality-in-soviet-russia
12. Leon Trotski, 'De Verraden revolutie', marxisme.be 2015, p. 142
13. http://wearemany.org/a/2013/06/sex-and-sexuality-in-soviet-russia
14. Ibid

DE ZHENOTDEL: SOCIALISTISCH FEMINISME IN DE RUSSISCHE REVOLUTIE

DOOR SAANA TAUSSI (2024)

Dit artikel bespreekt de werking van de Zhenotdel, de vrouwenafdelingen van het centraal comité van de Russische Communistische Partij, en de lessen die we kunnen trekken uit hun werk in de strijd tegen onderdrukking vandaag.

De Zhenotdel werden opgericht door bolsjewistische vrouwen, zoals Alexandra Kollontaj en Inessa Armand. Dit gebeurde in Rusland na de revolutie van 1917. De afdeling werd opgericht om de volledige deelname van vrouwen aan de Sovjetmaatschappij te garanderen. Ondanks de uitzonderlijke inspanningen van de Zhenotdel om vrouwen uit de arbeidersklasse en de boeren bij het sociale en politieke leven te betrekken, is dit unieke werk vandaag niet algemeen bekend.

DE POSITIE VAN VROUWEN IN DE AANLOOP NAAR DE REVOLUTIE

Zoals in landen over de hele wereld waren de vrouwen in het Rusland van voor de revolutie het slachtoffer van onderdrukking. De bolsjewieken – de revolutionaire partij die in de Oktoberrevolutie de controle over de regering zou nemen – noemden de specifieke last die vrouwen uit de arbeidersklasse droegen een dubbele onderdrukking in de maatschappij. Dit verwijst naar een onderdrukking die geworteld is in zowel het kapitalisme als het boerenpatriarchaat. Arbeidersvrouwen werden beperkt door klasse, maar ook door het 'traditionele gezin', dat vrouwen beperkte tot de rol van moeder en echtgenote. Het Russische Rijk was semi-feodaal, met een heersende klasse van landheren en een machtige kerkelijke hiërarchie. Beperkt tot specifieke rollen, hadden vrouwen weinig mogelijkheden om economische onafhankelijkheid na te streven en vaak geen toegang tot onderwijs of zelfs de mogelijkheid om te lezen en schrijven. Deze factoren, naast het ingebakken seksisme in de samenleving, vormden enorme obstakels voor de betrokkenheid van vrouwen bij de politiek, om nog maar te zwijgen van andere basisrechten zoals toegang tot abortus of echtscheiding. Hoewel de onderdrukking van vrouwen meer uitgesproken was in het tsaristische Rusland, was het niet anders dan het onderdrukkende patriarchaat dat we vandaag ervaren en dat nog steeds de vrijheid van vrouwen en mensen in het algemeen beperkt. Dit is vooral duidelijk in bijvoorbeeld de recente aanvallen op onze lichamelijke autonomie, zoals het ongedaan maken van Roe V Wade in de Verenigde Staten, en in de welig tierende rechtse aanvallen op trans-rechten wereldwijd.

In de samenleving van voor de revolutie waren ook werkende vrouwen zeer ontevreden en in de jaren daarvoor waren ze vaak gemarginaliseerd binnen vakbonden. Werkende vrouwen bleven echter zoeken naar collectieve oplossingen voor hun uitbuiting en het aantal werkende vrouwen nam sterk toe doordat mannen werden uitgezonden om te vechten in de Eerste Wereldoorlog. De Februarirevolutie van 1917 werd op gang getrokken door vrouwen, die op Internationale Vrouwendag de straat op gingen. In de meeste fabrieken en werkplaatsen werd een staking uitgeroepen en op de eerste dag sloten ongeveer 900.000 arbeiders zich aan bij de stakende vrouwen. Deze revolutionaire geest bestond niet alleen onder vrouwelijke arbeidsters, maar ook onder vrouwen die in de rij stonden voor brood en brandstof. In de zomer na de Februarirevolutie maakten vrouwen deel uit van een grote stakingsgolf die een breed scala aan werknemers in de dienstensector omvatte. Hoewel de Februarirevolutie uiteindelijk achterbleef bij wat volgde in oktober, was het belang van vrouwen voor de revolutie duidelijk voor de bolsjewieken en ze deden hun uiterste best om de strijdende en radicaliserende vrouwen te bereiken. Vrouwelijke kaders van de bolsjewieken richtten bijvoorbeeld studiekringen op voor vrouwelijke stakers om hen te helpen hun strijd te politiseren.

Onder de bolsjewieken bestond het besef dat de bevrijding van vrouwen essentieel was voor het bereiken van een socialistische samenleving, zoals onder meer Lenin en Engels decennialang in de aanloop naar de revolutie hadden benadrukt. Voor marxisten vandaag is dit punt nog duidelijker. De onderdrukking van vrouwen heeft altijd deel uitgemaakt van klassen- en ongelijk verdeelde samenlevingen. Het verlangen om eigendom en politieke macht binnen de familielijn te houden, leidt tot een paranoïde controle over de lichamen van vrouwen. Onder het kapitalisme speelt de onbetaalde, niet erkende arbeid van vrouwen in de huishouding, het baren van kinderen en de zorg voor kinderen een rol in de reproductie van de beroepsbevolking van het kapitalisme. Waar de kapitalistische staat faalt in het leveren van diensten en de bazen falen in het leveren van voldoende inkomen, wordt er door de maatschappij verwacht dat 'het gezin', dat wil zeggen vrouwen, het werk overneemt. Anders dan in het tsaristische Rusland werken de meeste vrouwen vandaag, maar ze doen nog steeds veel meer dan hun deel van het huishouden en de zorg voor kinderen. Op de werkvloer zijn vrouwen geconcentreerd in uiterst belangrijke maar onderbetaalde sectoren van de economie zoals kinderopvang, verpleging, schoonmaak en textiel. Hier komen werkgevers door seksistische stereotypen weg met superuitbuiting. Deze punten worden onderstreept door de inspirerende rol van vrouwelijke textielarbeidsters tijdens de revolutionaire gebeurtenissen in Myanmar in 2021.

Niet alleen is onderdrukking uiteindelijk geworteld in de klassenmaatschappij waartegen we vechten, maar een strijd voor de rechten van vrouwen is ook een strijd tegen de staat en de heersende klasse. Wanneer socialisten en de arbeidersbeweging de strijd uitbreiden naar andere bevrijdingsbewegingen, dan blijkt dat, in de woorden van Clara Zetkin, "een sterke steunpilaar" te zijn. Stakingen tegen seksuele intimidatie en transfobie herinneren ons eraan dat er geen barrière is tussen verschillende gevechten tegen onderdrukking en uitbuiting.

Ook binnen de bolsjewistische partij bekleedden vrouwelijke kameraden leidinggevende functies op zowel nationaal als lokaal niveau. Toen de Voorlopige Regering in oktober 1917 werd omvergeworpen, waren er vrouwen bij om het Winterpaleis te bestormen.

POST-REVOLUTIE EN DE VORMING VAN DE ZHENOTDEL

Nadat de bolsjewieken er in 1917 in slaagden om het kapitalisme en het landherendom van de Russische heersende klasse en het tsaristische regime omver te werpen, ontstonden er ongekende mogelijkheden voor radicale veranderingen in de maatschappij, zoals we die vandaag niet meer kennen. Dit leidde tot de snelle invoering van enkele van de belangrijkste en meest fundamentele rechten voor vrouwen, zoals de afschaffing van het religieuze huwelijk en de legalisering van gemakkelijk toegankelijke echtscheidingen.

Kort na de revolutie brak er een burgeroorlog uit, waardoor de samenleving nog steeds in beroering was en de stappen in de richting van een socialistische samenleving onder enorme druk stonden. Hoewel de mannelijke bolsjewieken de bevrijding van vrouwen steunden, was vrouwenemancipatie voor sommigen van hen nu ondergeschikt aan de economische en militaire uitdagingen waar de staat voor stond (ook al vochten duizenden vrouwen letterlijk voor de revolutie, onder andere als guerrillaleiders en bij het gebruik van machinegeweren). Dit is misschien deels te wijten aan het feit dat het materiaal over vrouwenemancipatie binnen de partij enigszins marginaal was vóór 1917. Lenin bekritiseerde het gebrek aan geavanceerde ontwikkeling van de mannelijke kameraden als het ging om hun begrip van de positie van de vrouw.

Kameraden als Kollontaj, Armand en enkele andere leden van de leiding stelden op hun beurt dat het mobiliseren van vrouwen om de revolutie te verdedigen een centrale manier was om de crises waarmee de nieuwe Sovjetrepubliek geconfronteerd werd, te bestrijden. Om dit te kunnen doen, moesten vrouwen de revolutie identificeren als een bevrijdende kracht, en velen stelden dat dit in elk onderdeel van het partijwerk moest worden opgenomen. Om van de revolutie een bevrijdende kracht te maken, werd de Zhenotdel opgericht. In november 1918 organiseerden Kollontaj en Armand de eerste al-Russische conferentie van werkende vrouwen, waaraan meer dan duizend vrouwen deelnamen. Hun boodschap was dat vrouwenemancipatie hand in hand ging met de opbouw van het socialisme.

NIEUWE INITIATIEVEN EN VROUWENEMANCIPATIE

Omdat het nucleaire gezinsmodel vrouwen vaak gevangen hield en hen gelijkstelde aan bezit, lanceerde de Zhenotdel een aantal initiatieven en projecten om vrouwen te bevrijden van de beperkingen van hun huishouden. Ze stimuleerden de oprichting van kantines, wasserijen en kinderdagverblijven en organiseerden programma's om vrouwen op gelijke voet met mannen aan een baan te helpen. Ze zetten fabrieks- en werkplaatsinspecties op om de naleving van wetten ter bescherming van de gezondheid en veiligheid van werkende vrouwen af te dwingen en buiten de werkplek organiseerden ze werkloze vrouwen en richtten ze coöperaties op. De arbeidswetgeving werd vernieuwd om betaald zwangerschapsverlof voor en na de geboorte en toegang tot borstvoedingsruimten op de werkplek mogelijk te maken. De Zhenotdel slaagden er ook in om in 1920, als eerste land ooit, abortus gratis beschikbaar te maken in Sovjetziekenhuizen. Dit duurde tot 1936 toen Stalin het weer verbood.

Door vrouwen beter in staat te stellen deel te nemen aan de arbeidsmarkt en het leven buitenshuis, kon de vrouwenemancipatie beginnen. De Zhenotdel probeerde vrouwen actief te ondersteunen in het voeren van actie, bijvoorbeeld door het opzetten van afgevaardigdenvergaderingen om vrouwen uit de arbeidersklasse te vertegenwoordigen op hun werkplek en in hun gemeenschap, en door stageprogramma's om vrouwen op te leiden voor nieuwe rollen in fabrieken en overheidsdepartementen. Vrouwen werden buiten de Communistische Partij om in de afgevaardigdenvergaderingen gekozen, hoewel velen uiteindelijk actief lid zouden worden.

DE ZHENOTDEL IN SOVJET-CENTRAAL-AZIË

De Zhenotdel lanceerde ook de Communistische Vrouwen Internationale en deed politiek werk in heel Sovjet-Centraal-Azië om de deelname van vrouwen aan het sociale en politieke leven te bevorderen.

De Russische Revolutie was niet alleen Russisch, maar omvatte vele nationaliteiten die door de tsaar werden onderdrukt. Centraal-Azië had een zeer diverse bevolking, waaronder veel gemeenschappen die volledig gedomineerd werden door landheren en moslimgeestelijken. Oezbekistan was een van de landen waar de Zhenotdel hun werk deden. De gemeenschap daar was sterk verdeeld volgens traditionele opvattingen over genderrollen, waarbij vrouwen zich afzonderden, gesluierd waren en geen contact mochten hebben met mannen buiten de directe familie. De Zhenotdel was vindingrijk en cultureel gevoelig in het betrekken van vrouwen bij sociale en economische participatie door het oprichten van vrouwenclubs en -coöperaties, met kinderopvang, medische consulten en culturele activiteiten die daaromheen georganiseerd werden. Omdat de ruimten alleen voor vrouwen waren, konden vrouwen ze bezoeken zonder in conflict te komen met hun echtgenoten en andere mannelijke familieleden. In een artikel in Kommunistka beschreef Kollontaj dit als *"scholen waar vrouwen door hun eigen zelfwerkzaamheid worden aangetrokken tot het Sovjetproject en de geest van het communisme in zichzelf beginnen te cultiveren."* (zoals geciteerd in McShane, 2019).

In Oezbekistan werd de deelname van vrouwen aan de economie aangemoedigd door het opzetten van winkels voor alleen vrouwen, waar vrouwen hun producten rechtstreeks aan andere vrouwen konden verkopen in plaats van afhankelijk te zijn van de belangrijkste coöperaties om hen te helpen. In deze winkels waren er voorzieningen voor kinderopvang, discussies en alfabetiseringscursussen. Het aantal Oezbeekse vrouwen in producenten-consumentencoöperaties steeg van 225 in 1925 tot 1.500 het jaar daarop. Hoewel de aantallen relatief gezien niet enorm waren, toonde het aan dat er potentieel was om vrouwen op een cultureel gevoelige manier economische onafhankelijkheid te bieden. Het was belangrijk om vrouwen de weg naar het beroepsleven te wijzen, omdat ze dan meer economische onafhankelijkheid zouden krijgen en zichzelf als gelijkwaardige leden van de maatschappij zouden zien door er actief aan deel te nemen.

Clara Zetkin bracht in 1924 verslag uit van een moslimvrouwenclub in Tblisi, Georgië. De club verkondigde de volledige gelijkheid van vrouwen op alle sociale gebieden en de vrouwen binnen de club wilden graag deelnemen aan de transformatie van de maatschappij die sinds de revolutie was begonnen. De club was in 1923 opgericht met veertig leden en een jaar later waren het er meer dan 200, een aantal dat snel toenam. Zetkin citeert een van de vrouwen die spreekt over het lijden en de onderdrukking die ze hebben doorstaan onder het patriarchaat, en hoe er nu hoop is op verbetering: *"Nu, mijn lieve zusters, zien we hoe alles veranderd is! De revolutie is aangekomen als een machtig onweer. Ze heeft onrecht en slavernij verpletterd. Ze heeft gerechtigheid en vrijheid gebracht aan de armen en onderdrukten. Onze vader kan ons niet meer meenemen als we jong zijn en ons op het bed van een vreemde echtgenoot dwingen. We zijn in staat om onze echtgenoot uit te kiezen en hij mag nooit meer onze meester worden; in plaats daarvan zal hij onze vriend en kameraad zijn. We willen naast hem werken en vechten en meehelpen aan de opbouw van een nieuwe maatschappij."*

HOE HET SOCIALISME GENDERONDERDRUKKING BESTRIJDT

Sovjet-Centraal-Azië biedt ook een rijk voorbeeld van hoe we alleen met socialistische veranderingen een begin kunnen maken met het beëindigen van genderonderdrukking. De Sovjet-Unie vertegenwoordigde een poging om socialisme op te bouwen in een geïsoleerde en semi-feodale samenleving, die werd gekaapt door een moorddadige en incompetente bureaucratische kaste tijdens de contrarevolutie onder leiding van Stalin – onder wiens heerschappij de volkeren van Centraal-Azië veel soorten onderdrukking en geweld kenden.

Toch kunnen we nog veel buitengewone voordelen voor mensen in het algemeen en voor vrouwen in het bijzonder aanhalen. In een interview uit 1990 sprak de Central Asian Service van de BBC met een oudere lerares die in haar leven gebruik had gemaakt van gratis gezondheidszorg voor kinderen, twee jaar zwangerschapsverlof met behoud van loon en een gegarandeerde kinderopvangplaats voor haar kinderen.

Ze wees op de rol van de Oktoberrevolutie voor deze verandering. *"Ik voelde me het gelukkigste meisje in de hele wereld. Mijn overgrootmoeder was als een slavin, opgesloten in haar huis. Mijn moeder was analfabeet. Ze had dertien kinderen en zag er haar hele leven oud uit. Voor mij was het verleden donker en afschuwelijk, en wat er ook wordt gezegd over de Sovjet-Unie, zo was het voor mij."* (Dilip Hiro, Inside Central Asia, p 56)

Wat maakte de weg vrij voor deze sociale verworvenheden? Het belang van directe politieke interventie in de vorm van de Zhenotdel is duidelijk. Maar ze waren ook het gevolg van de omverwerping van de landheren en geestelijken. Een egalitaire planeconomie met uitgebreide welvaart biedt enorme nieuwe mogelijkheden voor vrouwen en andere onderdrukte groepen, waaronder de arbeidersklasse en arme mensen in het algemeen. Dit alleen maakt geen einde aan seksisme of genderonderdrukking. Maar ten eerste schept de ervaring van gemeenschappelijke strijd een diepe band van solidariteit. Ten tweede gaat de strijd voor de rechten van vrouwen en de queer-gemeenschap in een dergelijke samenleving niet tegen de stroom in, maar kan het met de stroom mee snelle vooruitgang boeken.

HUJUM EN HET EINDE VAN ZHENOTDEL

Het politieke potentieel van arbeidersvrouwen, zelfs in de meest afgezonderde omstandigheden, was niet zo moeilijk aan te wakkeren. Ze moesten alleen de middelen krijgen om hun emancipatieproces uit te voeren. In tegenstelling tot deze ongelooflijke vooruitgang die de Zhenotdel hadden geboekt in de Sovjet-Unie en in Centraal-Azië, werd in 1927 een cultureel ontwrichtende campagne genaamd 'Hujum' geïmplementeerd.

Hujum was een campagne die beweerde de emancipatie van moslimvrouwen af te dwingen met een sterke en massale oproep om de hoofddoek af te doen. De campagne werd voorgesteld door diegenen in de Sovjet-Unie die zich naar het stalinisme hadden gekeerd. Het Eerste Al-Russische Congres van Moslimvrouwen was overeengekomen dat het dragen van de hoofddoek niet verplicht mocht zijn, naast andere rechten voor vrouwen. Nu kwam er echter een campagne die vrouwen verplichtte om hun hoofddoek af te doen. De Zhenotdel kregen de opdracht om hier prioriteit aan te geven, omdat het zogenaamd ging om de emancipatie van vrouwen. De Zhenotdel hebben nooit aangezet tot een massale ontsluiering, omdat ze begrepen dat zo'n actie alleen maar vijandigheid tegen hun werk zou oproepen bij de lokale gemeenschappen en de veilige ruimtes die ze voor vrouwen hadden gecreëerd in gevaar zou brengen. En dat is precies wat er gebeurde – terwijl tienduizenden gedwongen de hoofddoek afnamen, werden veel activisten van de Zhenotdel en vrouwen die deelnamen aan hun projecten fysiek aangevallen en zelfs vermoord. Deze vrouwen werden martelaren voor een zaak die zogenaamd voor hun bevrijding was, terwijl ze in werkelijkheid beroofd werden van de zeggenschap die ze zo kort daarvoor voor zichzelf hadden bereikt.

In de daaropvolgende jaren werd de Hujum sterk veroordeeld door de Zhenotdel en door andere kameraden. Dit was echter al het begin van het einde voor de afdeling. Er was geen plaats voor de Zhenotdel in het autoritaire regime van het stalinisme. Tegen 1930 werd beweerd dat er geen aparte vrouwenafdeling nodig was, en de Zhenotdel werden gesloten.

CONCLUSIE

"Zelfs als we overwonnen worden, hebben we grote dingen gedaan. We maken de weg vrij en schaffen de oude ideeën af."
Aleksandra Kollontaj

Hoewel de Zhenotdel onder het stalinisme ten onder gingen, samen met de oprechte pogingen om het socialisme te bereiken, zijn er veel lessen te trekken uit het werk van deze vrouwenwerking. Sommige historici hebben de Zhenotdel beschreven als een van de meest ambitieuze pogingen van een regering om vrouwen te emanciperen. De aanpak van de Zhenotdel bestond uit het actief en praktisch veranderen van de materiële omstandigheden waarin vrouwen leefden – door hen uit huis te brengen, door de lasten van de kinderverzorging te verdelen, door discussies en alfabetisering, en door economische participatie. Dit stelde vrouwen in staat om collectief oplossingen te zoeken voor maatschappelijke problemen en hun zelfvertrouwen op te bouwen – en uiteindelijk een beter leven na te durven streven. Bevrijding is niet iets dat aan mensen kan worden opgelegd door middel van dwangmaatregelen zoals het uitdoen van de hoofddoek – we zien hier vandaag overigens een verderfelijke versie van in het verachtelijke islamofobe beleid van de Franse staat. Bevrijding vereist dat mensen hun eigen verantwoordelijkheid nemen. Dat is precies waarom socialistisch feminisme revolutionair is en moet zijn – het gaat over zelfemancipatie, de onderdrukte en uitgebuite massa's die opstaan en de macht in eigen handen nemen.

Het voorbeeld van de Zhenotdel leert ons ook dat onderdrukking, of het nu van vrouwen is van de arbeidersklasse, van mensen met een migratie-achtergrond of van de queer gemeenschap, diep begrepen moet worden door ons als socialisten die proberen een einde te maken aan alle vormen van onderdrukking. We moeten serieus de taak op ons nemen om een gezamenlijk begrip van deze kwesties op te bouwen en zo solidariteit opbouwen tussen ons allen die onderdrukt en uitgebuit worden. Want in solidariteit kunnen we vechten voor blijvende verandering en voor de bevrijding voor iedereen. Met de genocide in Gaza, de ecologische ineenstorting, de antifeministische en anti-trans backlash en de dreiging van extreemrechts, is de behoefte aan een revolutionaire socialistische strijd en een alternatief dringender dan ooit. De revolutionaire en inspirerende lessen van de Zhenotdel moeten worden opgenomen en als een rode draad door onze inspanningen in dit opzicht lopen.

BIBLIOGRAFIE

- Cox, J. (2017). The Women's Revolution: Russia 1905–1917. Haymarket Books.
- Engels, F. (1884). The Origin of the Family, Private Property, and the State (4th ed). Pantianos Classics.
- Hiro, Dilip. (2011) Inside Central Asia. Overlook Duckworth.
- Lenin, V. (1977). On the emancipation of Women. Progress Publishers.
- Marxist Internet Archive. (n.d.). Baku Congress of the Peoples of the East, Seventh Session September 7 1920. https://www.marxists.org/history/international/comintern/baku/ch07.htm#women.
- McShane, A. (2019). Women at the Heart of the Revolution. Jacobin. https://jacobin.com/2019/08/alexandra-Kollontaj-soviet-womens-rights-revolution-zhenotdel-uzbekistan
- Taber, M. & Dyakonova, D. (Eds.). (2023). The Communist Women's Movement, 1920-1922, Proceedings, Resolutions, and Reports. Brill.
- Zetkin, C. (1984). Clara Zetkin Selected Writings. Foner, P., S. (Eds.). Haymarket Books.

HET GEZIN EN DE COMMUNISTISCHE STAAT

DOOR ALEKSANDRA KOLLONTAJ (1918)

Artikel door de Russische revolutionaire Alexandra Kollontaj op basis van een rapport dat ze bracht op het eerste al-Russische congres van arbeidsters en boerenvrouwen in november 1918. Deze tekst is erg hetero-normatief en binair, ook al stond Sovjet-Rusland vooraan inzake LGBTQIA+ rechten. Vandaag zou dit uiteraard anders geschreven worden. Toch denken we dat lezers er ook vandaag iets aan hebben, niet in het minst omdat deze tekst van Kollontaj een beeld geeft van hoe snel de inzichten en het beleid wijzigden in wat toch een achtergebleven land was.

1. HET GEZIN EN BETAALD WERK VOOR VROUWEN

Zal het gezin behouden blijven in de communistische staat? Zal het precies hetzelfde zijn als vandaag? Dit is een vraag die arbeidersvrouwen kwelt en die ook hun kameraden, de mannen, zorgen baart. Dit probleem houdt de werkende vrouwen de laatste tijd in het bijzonder bezig, en dat hoeft ons niet te verbazen. Het leven verandert snel, oude gewoonten en gebruiken verdwijnen geleidelijk en het hele bestaan van het arbeidersgezin wordt georganiseerd op een manier die zo nieuw, zo ongewoon, zo "bizar" is, zoals sommigen denken. Wat in dit geval nog verwarrender is voor de vrouw, is dat echtscheiding in Sovjet-Rusland gemakkelijker is geworden. Volgens het decreet van de Volkscommissarissen van 18 december 1917 is echtscheiding niet langer een luxe die alleen voor de rijken is weggelegd. Voortaan kan een minnelijke echtscheiding binnen een week of hooguit twee worden verkregen. Maar het is juist dit gemak van scheiden, zo gezegend voor vrouwen die ongelukkig zijn in hun huwelijk, dat andere vrouwen beangstigt, vooral diegenen die gewend zijn hun man te zien als hun 'verzorger', hun enige steun in het leven, en die nog niet begrijpen dat vrouwen eraan moeten wennen deze steun elders te zoeken en te vinden, niet in de man, maar in de gemeenschap, in de staat.

De waarheid is dat het geen zin heeft om het te verbergen: het normale gezin van vroeger, waar de man alles was en de vrouw niets – omdat ze noch haar eigen wil, noch haar eigen geld, noch haar eigen tijd had – dat gezin verandert van de ene dag op de andere, het is bijna dood. Maar dat moet ons niet bang maken. Of het nu per ongeluk is of door onwetendheid, we zijn maar al te bereid om ons voor te stellen dat alles om ons heen onveranderd blijft, terwijl alles verandert.

Je hoeft alleen maar te lezen hoe mensen in het verleden hebben geleefd om te beseffen dat alles aan verandering onderhevig is en dat er geen vaste, onveranderlijke zeden, politieke organisaties of gewoonten bestaan. En het gezin is in de loop van de menselijke geschiedenis vele malen van vorm veranderd; het was heel anders dan we nu gewend zijn. Er was een tijd dat slechts één gezinsvorm als normaal werd beschouwd – het generieke gezin – d.w.z. het gezin met aan het hoofd een bejaarde moeder waaromheen kinderen, kleinzonen en achterkleinzonen samenleefden en werkten. Er was ook het patriarchale gezin met aan het hoofd de vader-meester, wiens wil wet was voor alle andere leden van het gezin, en zelfs vandaag de dag vind je nog zulke boerenfamilies in Russische dorpen. Daar zijn de gewoonten en gebruiken van het gezin niet die van de arbeider in de stad. Er zijn nog steeds een groot aantal gewoonten die niet meer te vinden zijn in het gezin van een stedelijke arbeider. De vorm van het gezin en zijn gewoonten verschillen van volk tot volk. Er zijn volkeren, zoals de Turken, de Arabieren en de Perzen, waar het door het geloof wordt geaccepteerd dat één man vele vrouwen heeft. Er waren en zijn nog steeds volkeren waar het gebruikelijk is dat een vrouw meerdere echtgenoten heeft. Vandaag is het gebruikelijk dat een man eist dat een jong meisje maagd blijft totdat ze wettig getrouwd is; maar er waren volkeren waar, integendeel, een vrouw er trots op was dat ze vele minnaars had, en evenveel ringen om haar armen en benen stak als ze echtgenoten had gehad… Zulke praktijken, die niet nalaten ons te verbazen en die wij als immoreel zouden bestempelen, worden elders beoefend, door andere volkeren die daarentegen onze wetten en gebruiken als 'zonde' beschouwen. We hebben dus geen reden om ongerust te zijn over het feit dat het gezin aan het veranderen is, dat we geleidelijk de overblijfselen van een verleden dat niet langer nodig is, zien verdwijnen, dat er eindelijk nieuwe relaties tussen mannen en vrouwen ontstaan. We hoeven ons alleen maar af te vragen: wat is er verouderd in ons gezin en wat zijn de respectieve rechten en plichten in de relatie tussen de werkende man en de vrouw, de boer en de boerin, die het best passen bij de bestaansvoorwaarden van het nieuwe Rusland, het werkende Rusland dat ons huidige Sovjet-Rusland is? De rest, alle verouderde antiquiteiten die ons zijn nagelaten door het vervloekte tijdperk van slavernij en overheersing dat dat van de landheren en kapitalisten was, zal samen met de landherenklasse zelf, met deze vijanden van de werkende klasse en de armen, worden weggevaagd.

Het gezin, in zijn huidige vorm, is ook niet meer dan een van de brokstukken van het verleden. Ooit was het gezin solide, in zichzelf besloten, onverbrekelijk – het werd gezien als door de paus persoonlijk gezegend. Dit was noodzakelijk voor al zijn leden, was het niet het gezin dat de kinderen voedde, kleedde en opvoedde, dat hen door het leven leidde? Het lot van de wees was ooit het ergste lot. In het gezin waaraan wij gewend zijn, is het de man die verdient en voor zijn vrouw en kinderen zorgt; de vrouw zorgt voor het huishouden en voedt de kinderen op zoals het haar goeddunkt. Maar sinds de vorige eeuw is deze gebruikelijke vorm van het gezin geleidelijk vernietigd in alle landen waar het kapitaal regeert, waar het aantal fabrieken en andere kapitalistische ondernemingen waar arbeiders werken snel toeneemt. De gewoonten en gebruiken van het gezin veranderen tegelijkertijd met de algemene levensomstandigheden. Het eerste dat heeft bijgedragen aan een radicale verandering in de gezinsgewoonten is ongetwijfeld de universele verspreiding van betaald werk voor vrouwen. Vroeger werd alleen de man geacht kostwinner te zijn. Maar de laatste vijftig of zestig jaar, zo zien we in Rusland (in andere landen gebeurde dit eerder), dwingt het kapitalistische regime vrouwen om betaald werk te zoeken buiten het gezin, buitenshuis. Omdat het loon van de man ontoereikend was om in de behoeften van het gezin te voorzien, werd de vrouw op haar beurt gedwongen om te gaan werken om geld te verdienen, en ook de moeder moest aankloppen bij de fabriekskantoren. Van jaar tot jaar nam het aantal vrouwen uit de arbeidersklasse dat het huis verliet toe, hetzij om zich bij de fabrieksarbeiders te voegen, hetzij om een job aan te nemen als dagloner, winkelbediende, kantoorbediende, wasvrouw, enzovoort. Volgens een berekening die gemaakt werd voor het uitbreken van de wereldoorlog waren er 60 miljoen vrouwen in Europa en Amerika die hun eigen brood verdienden. Tijdens de oorlog steeg dit aantal aanzienlijk. Bijna de helft van deze vrouwen was getrouwd.

Maar je kunt vaststellen hoe het gezinsleven eruit ziet, als de vrouw-moeder acht uur per dag buitenshuis werkt en soms tien uur per van huis is! Haar huishouden wordt onvermijdelijk verwaarloosd, de kinderen groeien op zonder toezicht van hun moeder, aan zichzelf overgelaten en aan alle gevaren van de straat waar ze het grootste deel van hun tijd doorbrengen. Met zweet, bloed en tranen probeert de vrouw, de werkende moeder, om drie taken tegelijk te vervullen. Ten eerste moet ze, net als haar man, urenlang werken in een of ander industrieel of commercieel bedrijf. Ten tweede moet ze het huishouden zo goed mogelijk runnen. En ten derde moet ze voor haar kinderen zorgen. Het kapitalisme heeft een verpletterende last op de schouders van vrouwen gelegd. Het heeft van hen loontrekkers gemaakt zonder hun last als huisvrouw en moeder te ver-lichten. We zien vrouwen dus buigen onder deze ondraaglijke drievoudige last, die vaak een kreet van pijn teweegbrengt die snel gesmoord wordt, en meer dan eens tranen in haar ogen doet springen. Zorgen zijn altijd al het lot van een vrouw geweest, maar nooit is het lot van een vrouw ellendiger of wanhopiger geweest dan dat van de miljoenen werkende vrouwen onder het huidige kapitalistische juk, in de volle bloei van de grote industrie.

Hoe meer vrouwen betaald werk verrichten, hoe meer het gezin uiteenvalt. Wat voor soort gezinsleven is het als mannen en vrouwen in verschillende ploegen in de fabriek werken! Waar de vrouw niet eens tijd heeft om de maaltijden van het gezin goed te bereiden! Wat voor soort gezinsleven is het wanneer de vader en moeder, tijdens vier-entwintig uur hard werken, niet eens een paar momenten met hun kinderen kunnen doorbrengen! Vroeger was dat heel anders. Vandaag haast de werkende vrouw zich naar haar werk zodra 's morgens de bel van de fabriek gaat en 's avonds, opnieuw bij het ho-ren van de bel, haast ze zich naar huis om de soep voor het gezin klaar te maken en het dringendste huishoudelijke werk te doen. Na te weinig slaap begint ze de volgende dag weer opnieuw aan haar werkdag. Het leven van de werkende getrouwde vrouw was een echte nachtmerrie! Het is dan ook niet verwonderlijk dat onder deze omstandigheden het gezin steeds meer ontwricht geraakt en uiteenvalt. Beetje bij beetje verdwijnt alles wat het gezin solide en de fundamenten ervan stabiel maakte. Het gezin is niet langer een noodzaak, zowel voor zijn leden als voor de staat. De oude vorm van het gezin wordt gewoon een schande.

Wat maakte het oude gezin sterk? In de eerste plaats dat de echtgenoot en de va-der het gezin onderhielden; in de tweede plaats dat het gemeenschappelijke huis even noodzakelijk was voor alle leden van het gezin; en in de derde plaats omdat de ouders hun kinderen opvoedden. Wat blijft hier vandaag van over? De man is, zoals we net al zeiden, niet langer de enige kostwinner. De werkende vrouw is in dit opzicht de gelijke van de man geworden. Ze heeft geleerd haar eigen brood te verdienen en vaak ook dat van haar kinderen en man. Wat overblijft is huishoudelijk werk, onderwijs en de zorg voor jonge kinderen. Laten we eens nader bekijken of het gezin binnenkort van deze taken verlost zal zijn.

2. HUISHOUDELIJK WERK IS NIET LANGER NODIG

Er was een tijd dat het hele leven van een vrouw uit de armere klassen, zowel in de steden als op het platteland, zich afspeelde binnen het gezin. Buiten de drempel van haar huis wist de vrouw niets en wilde ze ongetwijfeld niets weten. Maar binnen het gezin was er een grote verscheidenheid aan bezigheden, die allemaal nuttig en noodzakelijk waren, niet alleen voor het gezin zelf, maar voor de hele staat. De vrouw deed alles wat elke werkende of boerin vandaag doet: ze kookte, ze waste, ze maakte het huis schoon, ze repareerde en lapte de bezittingen van het gezin op; maar dat deed ze niet alleen: ze moest ook veel andere taken uitvoeren die de vrouw van vandaag niet meer doet. Ze spon wol en linnen, weefde canvas en laken, breide kousen, maakte kant, zorgde voor het roken en zouten voor zover haar rijkdom dat toeliet, maakte drankjes voor het huishouden en goot haar eigen kaarsen. Wat deed ze niet, de vrouw van vroeger!

Zo leefden onze moeders en grootmoeders. Zelfs vandaag de dag, in onze geïsoleerde dorpen diep op het platteland, ver van de spoorwegen en de grote rivieren, zijn er nog uithoeken te vinden waar deze manier van leven uit de oude tijd in al zijn puurheid bewaard is gebleven, waar de vrouw des huizes overbelast is met werk dat de arbeidersvrouwen in de grote steden en dichtbevolkte industriële agglomeraties allang niet meer kennen.

In de tijd van onze grootmoeders was al dit huishoudelijk werk een wezenlijk noodzakelijke en nuttige zaak waarvan het welzijn van het gezin afhing; hoe harder de vrouw des huizes werkte, hoe beter het leven in huis was en hoe meer orde en gemak er heerste. De staat profiteerde van de activiteit van de huisvrouw. De vrouw van vroeger maakte niet alleen aardappelsoep, die door het gezin werd geconsumeerd, maar haar handen creëerden ook vele producten zoals stof, garen, boter, enzovoort, die allemaal als goederen en dus als waarde op de markt konden worden verkocht.

Het is waar dat in de tijd van onze grootmoeders en overgrootmoeders hun arbeid niet werd gewaardeerd tegen de prijs van geld. Maar elke man, of hij nu boer of arbeider was, zocht een vrouw met "gouden handen", zoals mensen nog steeds zeggen. Want de middelen van de man alleen, "zonder het huishoudelijke werk" van de vrouw, waren onvoldoende om het toekomstige huishouden te onderhouden. Op dit punt vielen de belangen van de natie samen met die van de man: hoe actiever de vrouw was binnen het gezin, hoe meer ze allerlei producten creëerde: stof, leer, wol, waarvan het overschot op de naburige markt werd verkocht, hoe groter de economische welvaart van het land als geheel.

Het kapitalisme veranderde alles aan deze oude manier van leven. Alles wat vroeger in het gezin werd gedaan, werd voortaan in massa geproduceerd in werkplaatsen en fabrieken. De machine verdrong de behendige vingers van vrouwen. Welke huisvrouw zou nu kaarsen gieten, wol spinnen of stof weven? Al deze producten zijn kant-en-klaar te koop in winkels. Vroeger leerde elk jong meisje kousen breien. Zie je vandaag een jonge werkster nog haar eigen kousen breien? Ten eerste zou ze daar geen tijd voor hebben.

Tijd is geld en niemand wil het op een onproductieve manier besteden zonder er iets aan te hebben. Elke werkende huisvrouw kan beter kant-en-klare kousen kopen in plaats van haar tijd te verspillen door ze zelf te maken. Zeldzaam is de arbeidster die nog groenten zou zouten of conserven zou bereiden als ze kant-en-klare groenten en conserven kan vinden in de kruidenierswinkel naast de deur. Ook al zijn de kleren die in de winkel worden verkocht van inferieure kwaliteit en kan de fabrieksrommel niet tippen aan wat thuis door de handen van een zuinige huisvrouw wordt gemaakt, toch zou de arbeidster niet de tijd of de kracht hebben om zich al te veel zorgen te maken over huishoudelijke zaken. Ze is bovenal een werknemer in loondienst wiens werk haar dwingt haar huishouden te verwaarlozen. Hoe het ook zij, het is een feit dat het gezin van vandaag zich geleidelijk ontdoet van alle huishoudelijke taken zonder welke onze grootmoeders zich geen gezin konden voorstellen. Wat vroeger binnen het gezin werd geproduceerd, wordt nu geproduceerd door de gezamenlijke arbeid van mannen en vrouwen in fabrieken.

Het gezin consumeert, maar produceert niet meer. De essentiële taken van de hedendaagse huisvrouw zijn viervoudig: schoonmaken (vloeren reinigen, afstoffen, verwarmen, enz.), koken (lunches en diners bereiden), de was doen en zorgen voor het linnengoed en de bezittingen van het gezin (reparaties).

Het is zwaar, uitputtend werk. Het kost alle tijd en energie van een arbeidster die nog uren in een fabriek moet werken. Maar het is zeker dat het werk van onze grootmoeders veel meer inhield. Bovendien had het een karakter dat volledig ontbreekt in het werk van de huisvrouw van vandaag: vanuit het oogpunt van de nationale economie is dit werk niet langer noodzakelijk voor de staat. Dit werk creëert geen nieuwe waarde, het draagt niet bij aan de welvaart van het land.

De huisvrouw kan van 's morgens vroeg tot 's avonds laat haar arme huis schoonmaken, haar kleren wassen en strijken, onophoudelijk werken om haar versleten kleren in orde te houden, ze kan zich inspannen om de gerechten te bereiden die ze lekker vindt met de bescheiden proviand die ze tot haar beschikking heeft, maar tegen de avond zou er geen materieel spoor meer zijn van haar dagtaak en zouden haar onvermoeibare handen niets van waarde hebben gecreëerd op de commerciële markt. De huisvrouw zelf kan duizend jaar leven en hetzelfde werk zou altijd opnieuw beginnen. Telkens weer zou er een laag stof van de plank verwijderd worden, opnieuw zou de man 's avonds hongerig thuiskomen, opnieuw zouden de kinderen modder op hun kleren meebrengen.

Het werk van de huisvrouw wordt met de dag nuttelozer en onproductiever.

Het individuele huishouden is in verval. Het wordt steeds meer vervangen door het collectieve huishouden. In de communistische maatschappij van morgen zal dit werk gedaan worden door een speciale categorie mensen die niets anders doen. De vrouwen van de rijken zijn allang bevrijd van deze vervelende en vermoeiende taken. Waarom zou de werkende vrouw deze sleur moeten blijven doen? In Sovjet-Rusland moet het leven van de werkende vrouwen omringd worden door hetzelfde comfort, hetzelfde licht, dezelfde hygiëne en dezelfde schoonheid die tot nu toe de vrouwen van de rijke klassen omringden. In een communistische maatschappij zal de werkende vrouw haar zeldzame, te zeldzame, vrije uren niet hoeven door te brengen met koken, want in een communistische maatschappij zullen er openbare restaurants en centrale keukens zijn waar iedereen kan komen eten. Onder het kapitalistische regime waren deze etablissementen al overal verspreid. In feite groeide het aantal restaurants en cafés in alle grote steden van Europa al een halve eeuw met de dag; ze schoten uit de grond als paddenstoelen na een herfstbui. Maar terwijl onder het kapitalistische regime alleen mensen met diepe zakken zich een maaltijd in een restaurant konden veroorloven, kan in de communistische stad iedereen die dat wil eten in de centrale keukens en restaurants. Hetzelfde zal gelden voor de was en andere klusjes: de arbeidster zal niet langer in een wasserij hoeven te zwoegen of haar ogen hoeven te vermoeien met het stoppen van haar kousen of het oplappen van haar kleren: de arbeidster zal haar kleren elke week naar de centrale wasserijen brengen en ze elke week volledig gewassen en gestreken bij de wasserijen ophalen. Dit zal voor de arbeidster een zorg minder zijn. Bovendien zullen speciale kledingreparatiewerkplaatsen de arbeidsters in staat stellen om hun avonden te besteden aan leerzame lectuur en gezond vermaak in plaats van ze, zoals nu, door te brengen met vervelende reparaties. Zozeer zelfs dat de laatste vier taken die nog door onze huisvrouwen moeten worden gedaan, binnenkort op hun beurt zullen verdwijnen onder het zegevierende communistische regime. En de arbeidster zal er zeker geen spijt van hebben. De communistische maatschappij zal het huishoudelijk juk van vrouwen hebben verbroken en hun leven rijker, voller, gelukkiger en vrijer maken.

3. DE OPVOEDING VAN KINDEREN IS EEN ZAAK VAN DE GEMEENSCHAP

Wat blijft er over voor het gezin nadat al het werk van het individuele huishouden is verdwenen? Kinderen. Maar ook hier zal de arbeidersstaat het gezin te hulp schieten door de plaats van het gezin in te nemen: de maatschappij zal geleidelijk alles overnemen wat voorheen de verantwoordelijkheid van de ouders was. Onder het kapitalistische regime was de opvoeding van kinderen al niet meer de zorg van de ouders: kinderen gingen naar school. Zodra het kind de schoolleeftijd had bereikt, konden de ouders opgelucht ademhalen: vanaf dat moment was de intellectuele ontwikkeling van hun kind niet langer hun zorg. Maar de verplichtingen van het gezin tegenover zijn kinderen waren nog niet voorbij: de kinderen moesten nog steeds gevoed, geschoeid en gekleed worden en opgeleid worden tot bekwame en eerlijke arbeiders die te hunner tijd in staat zouden zijn om zichzelf en hun ouders op hun oude dag te onderhouden. Het kwam echter zelden voor dat een arbeidersgezin aan al deze verplichtingen ten opzichte van zijn kinderen kon voldoen. Te lage lonen betekenden dat de kinderen niet eens genoeg te eten kregen, terwijl een gebrek aan vrije tijd betekende dat de moeder en vader niet alle aandacht konden besteden aan de opvoeding van de jongere generatie. Het gezin werd verondersteld de kinderen op te voeden. Maar was dit echt zo? Het is de straat die de kinderen van de werkende klasse opvoedt. De kinderen van de werkende klasse zijn zich niet bewust van de geneugten van het gezinsleven, geneugten waar onze vaders en moeders nog van genoten.

Bovendien zorgen de lage lonen, de onzekerheid en zelfs de honger van hun ouders er vaak voor dat de zoon van een werkend gezin al op tienjarige leeftijd zelf aan het werk moet. Zodra het kind begint te verdienen, voelt het zich zozeer de baas over zichzelf dat de woorden en adviezen van zijn ouders geen effect meer hebben. Net zoals de huishoudelijke taken van het gezin één voor één verdwijnen, verdwijnen ook alle verplichtingen ten opzichte van de kinderen. Deze verplichtingen, onderhoud en opvoeding, zullen worden vervuld door de maatschappij in plaats van door de ouders. Voor het arbeidersgezin waren kinderen onder het kapitalistisch regime vaak, te vaak, een zware en onoverkomelijke last.

Ook hier zal de communistische maatschappij de ouders helpen. In Sovjet-Rusland wordt er, vooral door de Commissariaten van Openbaar Onderwijs en Sociaal Welzijn, al veel gedaan om het voor gezinnen gemakkelijker te maken om hun kinderen op te voeden en te verzorgen. Tehuizen voor kleine baby's, crèches, kleuterscholen, kinderkampen en -opvangplaatsen, zieken- en verpleeghuizen voor zieke kinderen, restaurants, gratis lunches op school, gratis uitdelen van schoolboeken, warme kleding en schoenen voor leerlingen in de scholen … Toont dit alles niet overduidelijk aan dat de kindertijd uit de handen van het gezin wordt genomen, dat deze van de schouders van de ouders wordt overgeheveld naar die van de gemeenschap?

De zorg voor kinderen door ouders bestond uit drie verschillende delen: het deel met betrekking tot de daadwerkelijke zorg voor kleine baby's, het deel met betrekking tot de opvoeding van het kind en ten slotte het deel met betrekking tot de instructie van het kind. Het onderwijzen van kinderen op basisscholen en later op middelbare scholen en universiteiten is in de kapitalistische maatschappij al een zaak van de staat geworden. Zelfs in een kapitalistische maatschappij maakten de behoeften en levensomstandigheden van de arbeidersklasse het noodzakelijk om een heel systeem van onderwijsinstellingen voor jongeren op te zetten: speelplaatsen, kleuterscholen, kinderopvang, enzovoort, enzovoort. Hoe meer de arbeiders zich bewust waren van hun rechten, hoe beter ze georganiseerd waren en hoe meer de maatschappij het gezin wilde ontlasten van de zorg voor kinderen. De burgerlijke maatschappij was echter bang om in te gaan tegen de belangen van de arbeidersklasse in dit opzicht, om niet op deze manier bij te dragen aan de teloorgang van het gezin. De kapitalisten van hun kant weten heel goed dat het oude gezin, met de vrouw als slavin en de man verantwoordelijk voor het onderhoud en welzijn van het gezin – dat dit gezin het beste middel is om de arbeidersinspanning naar vrijheid af te remmen, om de revolutionaire geest van de werkende man en vrouw te verzwakken. De zorg voor het gezin buigt de ruggen van de arbeiders en dwingt hen tot compromissen met het kapitaal. Wat zouden een vader en een moeder niet doen als hun kinderen honger hebben? In tegenstelling tot de kapitalistische maatschappij, die er niet in geslaagd is om van de opvoeding van jongeren een echt sociale taak te maken, een taak voor de gemeenschap, beschouwt de communistische maatschappij de sociale opvoeding van de jongere generaties als de basis van haar wetten en moraal, als de hoeksteen van het nieuwe bouwwerk. Het is niet de oude kleingeestige en egoïstische familie, met haar ruzies tussen ouders, met haar exclusieve zorg voor haar eigen kinderen, die de mens van de maatschappij van morgen zal vormen. Wat de nieuwe mens van de nieuwe samenleving zal vormen, zijn socialistische werken zoals speelplaatsen, tuinen, huizen en zovele andere, waar het kind het grootste deel van zijn dag zal doorbrengen en waar bekwame opvoeders hem tot een communist zullen maken die zich bewust is van de grootsheid van dit heilige motto: solidariteit, kameraadschap, wederzijdse hulp, toewijding aan de gemeenschap.

Wat blijft er zonder opvoeding en zonder onderwijs nog over van de verplichtingen van het gezin ten opzichte van zijn kinderen, vooral als het gezin ook bevrijd is van de meeste materiële zorgen die een kind met zich meebrengt, tenzij het gaat om de zorg voor een kleine baby terwijl het nog de borst van zijn moeder nodig heeft, terwijl het nog rond waggelt en zich vastklampt aan de rok van zijn moeder? Ook hier schoot de communistische staat de werkende moeder overigens te hulp. Geen in de steek gelaten moeders meer met baby's aan hun handen! Het doel van de arbeidersstaat is om het levensonderhoud van elke moeder te garanderen – of ze nu getrouwd is of niet – zolang ze haar baby borstvoeding geeft, om overal kraamklinieken op te richten, om crèches en andere soortgelijke instanties in elke stad en elk dorp te stichten, zodat vrouwen de gemeenschap nuttig kunnen dienen en tegelijkertijd moeder kunnen zijn.

Laat werkende moeders gerust zijn: de communistische maatschappij is niet van plan om kinderen bij hun ouders weg te halen, noch om baby's uit de baarmoeder van hun moeders te rukken; noch is het van plan om geweld te gebruiken om gezinnen te vernietigen. Dit zijn niet de doelen van de communistische samenleving. Wat zien we vandaag? Het oude gezin valt uiteen; het maakt zich geleidelijk los van alle huishoudelijke taken die de steunpilaren waren van het gezin als familie. Ook het huishouden is niet langer een noodzaak. Kinderen? Arbeidersouders zijn niet in staat voor hen te zorgen of hen op te voeden. Ouders en kinderen lijden in gelijke mate. De communistische maatschappij komt daarom naar de arbeiders om tegen hen te zeggen: jullie zijn jong, jullie houden van elkaar. Iedereen heeft recht op geluk. Leef dus jullie leven. Loop niet weg van het geluk, wees niet bang voor het huwelijk, dat voor de werkende mannen en vrouwen van de kapitalistische maatschappij echt een keten was. Wees vooral niet bang, gezond en jong als jullie zijn, om het land van de arbeidersklasse nieuwe arbeiders, nieuwe burgers te geven. De arbeidersmaatschappij heeft nieuwe arbeidskrachten nodig en verwelkomt de komst van elk pasgeboren kind. Maak je ook geen zorgen over de toekomst van je kind: het zal geen honger of kou lijden, het zal niet ongelukkig zijn of aan zijn lot worden overgelaten, zoals onder het kapitalistische regime. Zodra een kind geboren is, zal de communistische maatschappij, de arbeidersstaat, het kind en zijn moeder voorzien van een bestaansminimum en zorgzame verzorging. Het kind zal gevoed, opgevoed en onderwezen worden door het communistische vaderland, maar dat vaderland zal ervoor waken het kind weg te nemen van de ouders die willen deelnemen aan de opvoeding van het kind. De communistische maatschappij zal de lasten van het opvoeden van kinderen op zich nemen, maar zal vaderlijke vreugde en moederlijke voldoening overlaten aan diegenen die in staat zijn deze vreugde te begrijpen en ervan te genieten. Kunnen we dit de vernietiging van het gezin door geweld noemen? Of de gedwongen scheiding van kind en moeder?

Het oude gezin heeft zijn beste tijd gehad. De communistische staat kan daar niets aan doen, het zijn de nieuwe levensomstandigheden die er de oorzaak van zijn. Het gezin is niet langer noodzakelijk voor de staat, zoals in het verleden. Integendeel, het leidt vrouwelijke arbeidsters nodeloos af van productiever werk. Het gezin is evenmin noodzakelijk voor de leden van het gezin zelf, aangezien de taak van het opvoeden van kinderen, die vroeger op de schouders van het gezin rustte, steeds meer op de schouders van de gemeenschap terechtkomt. Maar op de ruïnes van het oude gezin zullen we spoedig een nieuwe vorm zien ontstaan die een totaal andere relatie tussen mensen zal inhouden en die een verbintenis van genegenheid en kameraadschap zal zijn, de verbintenis van twee gelijkwaardige leden van de communistische maatschappij, beiden vrij, beiden onafhankelijk, beiden arbeiders. Geen huiselijke 'dienstbaarheid' meer voor vrouwen! Geen ongelijkheid meer binnen het gezin! Geen angst meer voor de vrouw om zonder steun of hulp achter te blijven, met kleintjes waar ze alleen voor moet zorgen als de man haar in de steek laat. De vrouw in de communistische stad is niet langer afhankelijk van haar man, maar van haar werk. Het is niet haar man, het zijn haar werkende armen die haar voeden. Geen zorgen meer over het lot van de kinderen. De arbeidersstaat zal voor hen zorgen. Het huwelijk zal worden gezuiverd van al zijn materiële aspecten, van alle berekeningen van geld, die afschuwelijke plaag van het gezinsleven vandaag. Het huwelijk zal dan worden omgevormd tot die sublieme vereniging van twee liefhebbende zielen die vertrouwen hebben in elkaar, tegelijkertijd als de meest volledige vreugde, de maximale voldoening die kan komen voor wezens die zich bewust zijn van zichzelf en van het leven om hen heen. Een vrije unie, versterkt door de geest van kameraadschap die haar zal inspireren, in plaats van de echtelijke slavernij van het verleden, dat is wat de

communistische maatschappij van morgen zal brengen. Nadat de arbeidsomstandigheden zijn veranderd en de materiële zekerheid van werkende vrouwen is vergroot, nadat
het huwelijk dat in de kerk werd gesloten – dat huwelijk dat onverbrekelijk werd geacht,
maar in feite niets anders was dan een schijnvertoning – nadat dat huwelijk, zullen we
zeggen, heeft plaatsgemaakt voor de vrije en oprechte vereniging van mensen, geliefden
en kameraden, zullen we tegelijkertijd de verdwijning zien van die andere schandelijke
plaag, dat andere vreselijke kwaad dat de mensheid onteert en dat de werkende vrouw
treft die honger heeft: prostitutie.

We hebben dit kwaad te danken aan het geldende economische systeem, aan de instelling van privé-eigendom. Zodra dit is afgeschaft, zal ook de vrouwenhandel verdwijnen.

Vrouwen uit de arbeidersklasse zouden niet bedroefd moeten zijn als ze zien dat het
huidige gezin gedoemd is te verdwijnen. Ze zouden beter blij zijn met de dageraad van
de nieuwe maatschappij die vrouwen zal bevrijden van hun huiselijke slavernij, die de
last van het moederschap voor vrouwen zal verlichten en waar we eindelijk het einde
zullen zien van de vreselijkste vloek die op vrouwen drukt en die prostitutie wordt
genoemd. De vrouw die geroepen is om te strijden voor het grote werk van de bevrijding van de arbeiders, deze vrouw moet begrijpen dat er in de nieuwe stad geen plaats
meer mag zijn voor de verdeeldheid van vroeger: dit zijn mijn kinderen, voor hen: al
mijn moederlijke zorg, al mijn genegenheid. Het zijn jouw kinderen, de kinderen van
de buren, het zijn mijn zaken niet. Ik heb genoeg aan mezelf! Van nu af aan moet de
arbeidersmoeder, zich bewust van haar sociale rol, leren geen verschil te maken tussen
de jouwe en de mijne, ze moet onthouden dat er alleen maar onze kinderen zijn, die van
de communistische stad, gemeenschappelijk voor alle arbeiders.

De arbeidersstaat heeft een nieuwe vorm van relatie tussen de seksen nodig. De innige
en exclusieve genegenheid van de moeder voor haar kind moet worden uitgebreid tot
alle kinderen van de grote arbeidersfamilie. In plaats van het onverbrekelijke huwelijk,
gebaseerd op de dienstbaarheid van de vrouw, zullen we de geboorte zien van een vrije
verbintenis, versterkt door de wederzijdse liefde en respect van twee leden van de arbeidersklasse, gelijk in hun rechten en plichten. In plaats van de individuele en egoïstische
families zal de grote universele arbeidersfamilie ontstaan waarin alle arbeiders bovenal
kameraden zijn. Zo zal de relatie tussen man en vrouw zijn in de communistische maatschappij van morgen. Deze nieuwe relatie zal de mensheid alle geneugten van vrije
liefde verschaffen, veredeld door de ware sociale gelijkheid van beide echtgenoten,

geneugten die werden genegeerd door de mercantiele maatschappij van het kapitalistische regime.

Een pad voor gezonde, bloeiende kinderen, een pad voor vitale jongeren, verrukt van
het leven en zijn geneugten, vrij in hun gevoelens en affecties! Dit is het motto van de
communistische samenleving. In naam van gelijkheid, vrijheid en vrije liefde roepen
we arbeiders en boeren op om moedig en vol vertrouwen het werk op te pakken van de
wederopbouw van de menselijke samenleving, om deze perfecter en rechtvaardiger te
maken en beter in staat om het geluk te garanderen dat het individu verdient. De rode
vlaggen van de sociale revolutie die na Rusland in andere landen van de wereld zullen
wapperen, kondigen al de op handen zijnde komst aan van het aardse paradijs waarnaar
de mensheid al eeuwenlang streeft.

OVER DE TAKEN VAN DE VROUWELIJKE ARBEIDERSBEWEGING IN DE SOVJETREPUBLIEK

DOOR VI LENIN (1919)

Redevoering op de vierde stedelijke conferentie van partijloze arbeidsters in Moskou op 23 September 1919, gepubliceerd in Pravda 25 september 1919. Overgenomen vanop marxists.org

Kameraden, ik ben bijzonder verheugd de conferentie van arbeidsters te kunnen begroeten. Ik ben zo vrij om die thema's en vraagstukken die iedere arbeidster en elke bewuste mens uit de werkende massa's natuurlijk het meest bezighouden niet aan te roeren. Dat zijn de meest brandende vraagstukken — het vraagstuk van het graan en van onze militaire positie. Maar zoals ik weet uit de krantenverslagen over uw vergaderingen zijn deze vraagstukken hier op uitputtende wijze behandeld door kameraad Trotski met betrekking tot de militaire zaak en door kameraad Jakovleva en Sviderski wat betreft het vraagstuk van het graan — en daarom verzoek ik u mij toe te staan deze vraagstukken niet aan te roeren.

Ik zou wel een paar woorden willen zeggen over de algemene taken van de vrouwelijke arbeidersbeweging in de Sovjetrepubliek, zowel over de taken die in verband staan met de overgang naar het socialisme in het algemeen als over de problemen die zich nu met bijzonder grote hardnekkigheid op de voorgrond dringen. Kameraden, het vraagstuk van de positie van de vrouw is al vanaf het allereerste begin door de Sovjetmacht aan de orde gesteld. Het lijkt me toe dat de taak van elke arbeidersstaat die overgaat naar het socialisme van tweeërlei aard zal zijn. En het eerste deel van die taak is betrekkelijk simpel en gemakkelijk. Het raakt die oude wetten, die de vrouw in een ongelijkgerechtigde positie plaatsten in vergelijking met de man.

Al heel lang hebben de vertegenwoordigers van de bevrijdingsbewegingen in West-Europa in het verloop van niet alleen tientallen jaren, maar zelfs van eeuwen de eis gesteld van de afschaffing van deze verouderde wetten en de gelijkstelling van man en vrouw volgens de wet, maar het is niet één van die democratische Europese staten en niet één van de meest vooraanstaande republieken gelukt om dat te verwezenlijken, omdat daar waar het kapitalisme bestaat, daar waar de particuliere eigendom van de grond, de particuliere eigendom van fabrieken en bedrijven, en de macht van het kapitaal behouden blijven, de voorrechten blijven rusten bij de mannen. Het is in Rusland alleen maar gelukt om dit door te voeren omdat hier vanaf 25 oktober 1917 de arbeidersmacht is ingesteld. De Sovjetmacht heeft zich vanaf het allereerste begin de taak gesteld om te bestaan als de macht van de werkers, die vijandig staat tegenover elke vorm van uitbuiting. Zij heeft zich de taak gesteld van de vernietiging der mogelijkheden voor uitbuiting van de werkers door de landheren en de kapitalisten, van de vernietiging van de heerschappij van het kapitaal. De Sovjetmacht streefde ernaar dat de werkers hun eigen leven konden opbouwen zonder de particuliere eigendom van de grond, zonder de particuliere eigendom van fabrieken en bedrijven, zonder de particuliere eigendom die overal, over de hele wereld, zelfs bij volledige politieke vrijheid en zelfs in de meest democratische republieken de werkers praktisch in de positie van armoede en loonslavernij plaatste en de vrouw in de positie van een dubbele slavernij.

De Sovjetmacht heeft als de macht van de werkers al in de eerste maanden van haar bestaan in de wetgeving die de vrouwen betrof een meest resolute omwenteling doorgevoerd. Van de wetten die de vrouw in een ondergeschikte positie plaatsten is in de Sovjetrepubliek geen steen op de andere gebleven. Ik heb het nu juist over die wetten die in het bijzonder gebruik maakten van de zwakkere positie van de vrouw door haar in een ongelijkberechtigde en dikwijls zelfs vernederende toestand te plaatsen, d.w.z., de wetten over de echtscheiding en over het buitenechtelijke kind en over het recht van de vrouw om de man te dwingen om het kind te onderhouden.

Juist op dat gebied maakt de burgerlijke wetgeving, en het moet gezegd worden: zelfs in de meest vooraanstaande landen, gebruik van de zwakke positie van de vrouw door haar ongelijkberechtigd te laten en haar te vernederen. En juist op dat gebied heeft de Sovjetmacht van de oude onrechtvaardige en voor vertegenwoordigers van de werkende massa's onverdraaglijke wetten dan ook geen steen op de andere gelaten, En wij kunnen nu, vervuld van trots en zonder de geringste overdrijving, zeggen dat er buiten Sovjet-Rusland niet één land ter wereld is waar volledige gelijkberechtiging voor de vrouw bestaat en waar de vrouw niet in een vernederende positie wordt geplaatst, die zo sterk voelbaar is in het familieleven van alledag. Dat was een van onze eerste en belangrijkste taken.

Als u wel eens in aanraking komt met partijen die vijandig tegenover de Bolsjewieken staan, of als u kranten in handen krijgt die in het Russisch worden uitgegeven in gebieden die door Koltsjak of Denikin zijn bezet, of als u wel eens praat met mensen die op hetzelfde standpunt staan als deze kranten, dan kunt u uit hun mond vaak de beschuldiging vernemen dat de Sovjetmacht de democratie zou schenden.

Wij als vertegenwoordigers van de Sovjetmacht, als Bolsjewieken en communisten, als verdedigers van de Sovjetmacht krijgen voortdurend het verwijt te horen dat wij de democratie hebben geschonden, en als bewijs voor deze beschuldiging komt men aanzetten met het feit dat de Sovjetmacht de Constituante[1] heeft uiteengejaagd. Wij antwoorden als volgt op die beschuldiging: aan die democratie en aan die Constituante die zijn ontstaan onder de particuliere eigendom van de grond, toen de mensen onderling niet gelijk waren, toen de kapitaalbezitter heer en meester was en de anderen, die hij hem in dienst stonden, zijn loonslaven — aan die democratie hechten wij geen waarde. Een dergelijke democratie heeft altijd de slavernij verhuld, zelfs in de meest ontwikkelde staten. Wij socialisten zijn alleen in zoverre verdedigers van de democratie als zij de toestand van de werkers en de verdrukten verlicht. Het socialisme stelt zich over de hele wereld tot taak om te strijden tegen iedere vorm van uitbuiting van de ene mens door de andere. Voor ons is van werkelijke betekenis die democratie, die in dienst staat van de uitgebuitenen, van hen die in een toestand van ongelijkheid zijn geplaatst. Als hij

---

1 De Constituante of Constituerende Vergadering werd door de Sovjetmacht op 5 januari 1918 bijeengeroepen. De verkiezingen voor de Constituante vonden plaats volgens de lijsten die voor de Oktoberrevolutie waren samengesteld, waardoor de samenstelling van de Constituante een afgesloten stadium in de ontwikkeling van het land weerspiegelde, toen de vertegenwoordigers van de partijen van de mensjewieken en sociaal-revolutionairen, maar van de kadetten, nog aan de macht waren. Het resultaat was een scherpe kloof tussen de wil van de overweldigende meerderheid van de bevolking die zijn uitdrukking vond in de schepping van de Sovjetmacht en de politiek die werd bedreven door de uit sociaal-revolutionairen, mensjewieken en kadetten bestaande minderheid, die uitdrukking gaf aan de belangen van de burgerij en de koelakken. De Constituante weigerde om de door de Bolsjewieken voorgestelde "Verklaring van de rechten van het werkende en uitgebuite volk" te beoordelen, zij wenste de decreten over de vrede en over de grond alsmede het decreet over de overgang van de macht naar de Sovjets, die door het Tweede Congres van de Sovjets waren aanvaard, niet te bevestigen. De verklaring ten gehore te hebben gebracht verlieten de Bolsjewieken de Constituerende Vergadering, die blijk had gegeven van haar vijandige opstelling tegenover de belangen van de werkende bevolking. Op 7 januari 1918 werd de Constituante ontbonden.

die niet werkt wordt ontheven van zijn kiesrechten, dan is dit pas werkelijke gelijkheid onder de mensen. Wie niet werkt zal niet eten.[2]

In antwoord op die beschuldigingen zeggen wij dat het vraagstuk aan de orde gesteld moet worden hoe de democratie in een bepaalde staat wordt verwezenlijkt. Wij zien in alle democratische republieken dat er gelijkheid wordt uitgeroepen, maar in de civiele wetten en in de wetten over de rechten van de vrouw betreffende haar positie in het gezin en met betrekking tot de echtscheiding zien wij bij elke stap de ongelijkheid en de vernedering van de vrouw; en dan zeggen wij, dat dit een schending is van de democratie en in het bijzonder met betrekking tot de onderdrukten. De Sovjetmacht heeft meer dan alle andere, ook de meest ontwikkelde landen, de democratie verwezenlijkt door in haar wetten niet ook maar de geringste toespeling te laten op de ongelijkheid van de vrouw. Ik herhaal: geen enkele staat en geen enkele democratische wetgeving heeft voor de vrouwen ook maar de helft gedaan van hetgeen de Sovjetmacht al in de eerste maanden van haar bestaan heeft verricht.

Natuurlijk zijn wetten alleen niet genoeg en wij stellen ons geenszins tevreden met decreten alleen. Maar op het gebied van de wetgeving hebben wij alles gedaan wat er van ons geëist werd voor de gelijkstelling van de maatschappelijke positie van de vrouw met die van de man en daar kunnen wij met recht trots op zijn. De positie van de vrouw in Sovjet-Rusland is nu zodanig, dat ze ideaal is vanuit het standpunt van de meest ontwikkelde landen. Maar wij zeggen tegen onszelf dat dit natuurlijk nog maar het begin is.

De positie van de vrouw is gezien haar werk in de huishouding nog steeds benard. Voor de volledige emancipatie van de vrouw en voor een daadwerkelijke gelijkheid tussen haar en de man is het nodig dat er een gemeenschappelijke huishouding komt en dat de vrouw deel neemt aan de algemene productieve arbeid. Dan zal de vrouw dezelfde positie innemen als de man.

Natuurlijk is er hier geen sprake van dat de vrouw in de arbeidsproductiviteit wordt gelijkgesteld, of in de hoeveelheid werk, de duur en de omstandigheden ervan enz., maar bedoeld wordt dat de vrouw in tegenstelling tot de man niet meer wordt onderdrukt door haar huishoudelijke positie. U weet allemaal dat er zelfs bij een volledige gelijkberechtiging nog altijd die feitelijke onderdrukking van de vrouw blijft bestaan, omdat de hele huishouding op haar schouders neerkomt. Die huishouding is in de mees-

---

2 Er wordt hiermee verwezen naar kapitalisten die leven van de arbeid van anderen, uiteraard is het niet de bedoeling om werklozen uit te sluiten (noot van de redactie).

te gevallen het meest onproductieve, het meest primitieve en het meest moeizame werk, wat de vrouw doet. Het is uitermate nietszeggend werk, dat niets in zich heeft dat op zich bijdraagt aan de ontwikkeling van de vrouw.

Bij het volgen van het socialistische ideaal willen wij strijden voor de volledige verwezenlijking van het socialisme en hier ontvouwt zich voor de vrouw een uitermate weids werkterrein. Wij bereiden ons nu serieus voor op de zuivering van de grond voor de socialistische opbouw en de opbouw van de socialistische samenleving zal pas dan beginnen wanneer wij na de volledige gelijkheid van de vrouw te hebben bereikt ons aan dat nieuwe werk zetten tezamen met de vrouw, bevrijd als zij is van dat geringe, afstompende, onproductieve werk. En voor dat werk zullen wij vele, vele jaren nodig hebben.

Dat werk kan geen snelle resultaten opleveren en zal geen schitterende effecten tot gevolg hebben.

Wij zullen modelinstellingen scheppen, eetzalen en crèches, die de vrouw zullen bevrijden van het huishouden. En juist hier zal het werk dat verzet moet worden bij de inrichting van al die instellingen neerkomen op de vrouwen. Erkend moet worden dat er nu in Rusland heel weinig instellingen zijn die de vrouw helpen om zich op te werken uit de toestand van een huisslavin. Er is er nog maar een minuscuul aantal van en de omstandigheden waarin de Sovjetrepubliek zich nu geplaatst ziet — zowel militaire omstandigheden als die van de levensmiddelen, waarover de kameraden het hier uitvoerig met u hebben gehad — hinderen ons bij dit werk. Maar niettemin moet gezegd worden dat deze instellingen, die de vrouw bevrijden uit de toestand van een huisslavin, overal verschijnen waar er ook maar de geringste mogelijkheid toe is.

Wij zeggen dat de bevrijding van de arbeiders het werk van de arbeiders zelf moet zijn en precies zo moet de emancipatie van de werkende vrouwen de zaak van de werkende vrouwen zelf zijn. De werkende vrouw moet zichzelf bekommeren om de ontwikkeling van dergelijke instellingen en die activiteit van de vrouw zal leiden tot een volledige ommekeer in haar oude positie in de kapitalistische maatschappij.

Om je met politiek bezig te houden, was in de kapitalistische maatschappij een bijzondere opleiding nodig en daarom was de deelname van de vrouwen in de politiek, zelfs in de meest ontwikkelde en vrije kapitalistische landen, van praktisch geen betekenis. Onze taak bestaat hierin, dat wij de politiek toegankelijk maken voor iedere werkende vrouw. Vanaf het moment dat de particuliere eigendom van de grond en de fabrieken vernietigd is en de macht van de landheren en kapitalisten omver is geworpen, worden de taken van de politiek voor de werkende massa en de werkende vrouwen simpel, helder en voor eenieder volkomen toegankelijk. In de kapitalistische maatschappij wordt de vrouw in een dusdanig ongelijke positie geplaatst dat haar deelname aan de politiek een minuscuul gedeelte uitmaakt in vergelijking met de man. Om in die situatie verandering te brengen, is het nodig dat de macht van de werkers zelf wordt ingesteld en dan zullen de belangrijkste taken van de politiek bestaan uit alles wat direct raakt aan het lot van de werkers zelf.

En ook hier is de deelname van de werkende vrouwen, niet alleen van de partijgenotes en de bewuste vrouwen, maar ook die van de partijloze en de meest onbewuste vrouwen noodzakelijk. Hier wordt door de Sovjetmacht voor de werkende vrouw een uitgebreid werkterrein opengelegd.

Wij hebben het bijzonder moeilijk gehad in de strijd tegen de krachten die vijandig staan tegenover de Sovjetrepubliek en die daartegen een veldtocht ondernemen. Wij hebben het eveneens moeilijk gehad in de strijd op militair terrein tegen de krachten die ten oorlog trekken tegen de macht van de werkers, en ook op het gebied van de voedselvoorziening tegen de speculanten, omdat het aantal mensen, die ons van ganser harte door hun eigen werk te hulp zouden komen, niet voldoende groot is. En ook hier weet de Sovjetmacht niets zo hoog te schatten als de hulp van de brede massa van partijloze werkende vrouwen. Laat ze weten dat er in de oude burgerlijke maatschappij voor politieke activiteiten misschien een ingewikkelde opleiding nodig was, die ontoegankelijk was voor de vrouw. Maar de politieke activiteit van de Sovjetrepubliek stelt als haar voornaamste taak de strijd tegen de landheren en de kapitalisten, de strijd voor de vernietiging van de uitbuiting — en daarom wordt in de Sovjetrepubliek voor de werkende vrouwen het terrein van de politieke activiteit opengelegd, die hierin bestaat dat de vrouw met haar organisatorische vaardigheid de man helpt.

Wij hebben niet alleen behoefte aan organisatorisch werk op miljoenenschaal. Wij hebben ook behoefte aan organisatorisch werk op de allerkleinste schaal, dat ook de vrouwen de gelegenheid biedt om te werken. De vrouw kan ook onder oorlogsomstandigheden werken, wanneer het gaat om steun voor het leger en om agitatie daarin. De vrouw moet aan dat alles actief deelnemen, zodat het Rode Leger ziet dat men er zich om bekommert en er zich zorgen om maakt. De vrouw kan ook werken op het gebied van de voedselvoorziening — bij de distributie van de levensmiddelen en hij de verbetering van de publieke voedselvoorziening evenals bij de ontwikkeling van de eetzalen, zoals die nu zo wijd verspreid zijn in Petrograd.

Dat zijn de gebieden waarop de activiteit van de werkende vrouwen van daadwerkelijke organisatorische betekenis wordt. Deelname van de vrouw is onontbeerlijk hij de inrichting van grote modelbedrijven en voor het toezicht daarop, zodat die zaak bij ons niet een zaak van uitzonderingen blijft. Zonder de deelname van een groot aantal vrouwen aan die zaak zal zij onuitvoerbaar blijven. De werkende vrouw kan die zaak ook benaderen in de zin van het toezicht op de distributie van levensmiddelen alsook op de gemakkelijke verkrijgbaarheid daarvan. Voor die taak is de werkende partijloze vrouw volkomen berekend en bovendien zal de verwezenlijking van die taak meer dan wat ook bijdragen tot de consolidatie van de socialistische samenleving.

Na de afschaffing van de particuliere eigendom van de grond en na de vrijwel volledige afschaffing van de particuliere eigendom van fabrieken en bedrijven streeft de Sovjetmacht ernaar dat alle werkers, niet alleen de partijgenoten, maar ook partijlozen — en niet alleen de mannen, maar ook de vrouwen deelnemen aan die economische opbouw! Deze door de Sovjetmacht aangevangen zaak kan alleen vooruit worden gebracht wanneer er in Rusland in plaats van honderden vrouwen door het hele land miljoenen en miljoenen vrouwen aan meewerken. Dan zal de zaak van de socialistische opbouw geconsolideerd worden — daarvan zijn wij overtuigd. Dan zullen de werkers bewijzen dat zij ook wel zonder de landheren en zonder de kapitalisten kunnen leven en huishouden. Dan zal de socialistische opbouw in Sovjet-Rusland zo stevig staan dat de Sovjetrepubliek niet bang hoeft te zijn voor welke externe vijanden in andere landen en in Rusland zelf dan ook.

VERSLAG OVER DE COMMUNISTISCHE VROUWENBEWEGING

DOOR CLARA ZETKIN (1921)

Op het derde congres van de Comintern bracht Zetkin namens het Internationaal Secretariaat een verslag over de communistische vrouwenbeweging. Ze deed dit op 8 juli 1921. Uiteraard speelde Zetkin een grote rol in het vrouwenwerk van de Comintern. Wij vertaalden de Engelse versie vanop marxists.org.

Kameraden, namens het Internationale Secretariaat van de Executieve voor communistisch werk onder vrouwen, ga ik een kort overzicht geven van de communistische vrouwenbeweging en de communistische vrouwenconferentie.[1]

Ongetwijfeld hebben wij in het afgelopen jaar een verheugende vooruitgang geboekt. Dit blijkt uit de ontwikkeling van de communistische vrouwenbeweging in de afzonderlijke landen, waar steeds meer vrouwelijke kameraden zich vastberaden bij de partij aansloten. Er is ook vooruitgang in de internationale coördinatie van de inspanningen om zoveel mogelijk vrouwen in dienst te stellen van de arbeidersrevolutie. Dit geldt voor de strijd om de politieke macht te veroveren en de arbeidersheerschappij te vestigen, maar ook voor de verdediging van deze verworvenheden en de communistische opbouw in Rusland, waar de werkende klasse de macht reeds heeft gegrepen.

Maar in onze vreugde over deze stappen voorwaarts zit ook een zekere bitterheid. In de meeste landen zijn de verworvenheden van de communistische vrouwenbeweging bereikt zonder steun van de communistische partij, en in sommige gevallen zelfs tegen haar openlijke of verborgen tegenstand. Er is nog steeds onvoldoende begrip voor het feit dat zonder de deelname aan de revolutionaire strijd van vrouwen die bewust zijn,

---

1 De tweede internationale conferentie van communistische vrouwen werd in Moskou gehouden in juni 1921, vlak voor het derde congres van de Comintern.

duidelijk wat hun doel is, zeker van de weg, en bereid om offers te brengen, de arbeidersklasse niet in staat zal zijn om de macht te grijpen in een burgeroorlog, noch om, na het vestigen van haar heerschappij, te beginnen met de opbouw van een communistische maatschappij.

Zelfs voor de oorlog was het in de socialistische arbeidersbeweging bijna een waarheid als een koe, dat de arbeidersklasse niet kon slagen in haar economische en politieke strijd zonder de deelname van massa's vrouwen. Zeker, de acties van de oude sociaaldemocratische partijen en de vakbonden bleven ver achter bij deze lippendienst. De activiteit van de vrouw werd min of meer beschouwd als die van een dienares van de partij of vakbond, en haar werkelijke betekenis als een factor van betekenis in de arbeidersstrijd voor de bevrijding werd niet erkend.

Maar bedenk eens, kameraden, hoe anders de situatie vandaag is voor de arbeidersklasse. De economische strijd van de arbeidersklasse vindt nu plaats onder omstandigheden van toenemend verval van het kapitalisme. Wat zegt ons dat? Het betekent dat deze strijd nu bitterder en moeilijker is dan voorheen en meer slachtoffers eist. En er is meer: ze streven uiteindelijk naar een hoger doel. Niet alleen de verlichting van het lijden door arbeidstijdverkorting, loonsverhoging met een paar centen, of verbetering van de arbeidsomstandigheden. Nee, alle economische strijd wijst nu uiteindelijk naar één doel: de overname door de revolutionaire arbeidersklasse van de controle over de productie en vervolgens van het eigendom van de productiemiddelen. De politieke strijd van de arbeidersklasse leidt niet langer tot kleine hervormingen en concessies, gaarkeukens en formele politieke rechten. Met andere woorden, deze strijd is niet gericht op de hervorming van de burgerlijke maatschappij, maar op de vernietiging ervan. Zij stellen het bestaan zelf van het kapitalisme en het bestaan zelf van het communisme ter discussie. Deze strijd vindt plaats in de verschroeiende atmosfeer van de kapitalistische economische ineenstorting en burgeroorlog.

Aangezien de strijd van de arbeiders dit karakter heeft, kan zij niet zonder de deelname van vrouwen. De taak is om grotere massa's vrouwen dan voorheen in de revolutionaire strijd te werpen om het kapitalisme en de burgerlijke staat omver te werpen, hen te mobiliseren en op te leiden, en hen klaar en bekwaam te maken om de opbouw van het communisme ter hand te nemen. (Luid applaus)

Zelfs voor de oorlog had Europa een overschot van vijf tot zes miljoen vrouwen. Dit overschot wordt nu geschat op ongeveer vijftien miljoen. Vroeger bestond dit vrouwenoverschot alleen in de grote industrielanden, terwijl er een mannenoverschot was in de Balkanlanden. Nu is het vrouwenoverschot in de grote industrielanden aanzienlijk toegenomen, en zelfs in de Balkanlanden is er geen overschot aan mannen meer; integendeel, het omgekeerde verschijnsel doet zich meer en meer voor. Hoe kan men zich de strijd om de politieke macht en de opbouw van een communistische maatschappij voorstellen zonder de bewuste, enthousiaste en intelligente medewerking van vrouwen? De cijfers die ik noemde maken één ding duidelijk: steeds grotere massa's arbeidersvrouwen gaan gebukt onder kapitalistische uitbuiting en worden daarom door hun onmiddellijke dagelijkse behoeften gedreven om te strijden tegen de burgerlijke orde. Maar de cijfers laten ons nog iets anders zien: dat het aantal burgerlijke en bevoorrechte vrouwen, die thuis en in hun gezin in een betoverde tuin lijken te leven, vol vrede en vreugde, aan het afnemen is. Nee, vandaag kunnen zelfs de bevoorrechte vrouwen niet langer passief en onverschillig blijven tegenover het openbare leven en de strijd van onze tijd. Zij hebben banen bij miljoenen aangenomen, waar zij - zolang het kapitalisme regeert - de pijn zullen lijden van de concurrentie tussen de seksen, waarin mannen tegen hen strijden om de middelen en de genoegens van het leven.[2] En de burgeroorlog, met al zijn gevolgen, snijdt zo diep in zelfs het burgerlijke gezinsleven dat de omringende muren van onverschilligheid en politieke geesteloosheid beginnen af te brokkelen.

Kameraden, ik ben de laatste om de betekenis van deze evolutie in de wereld van de burgerlijke gezinnen te overschatten. Maar we mogen haar ook niet onderschatten. Zeker, de massa's vrouwen van de burgerij die in het tijdperk van kapitalistisch verval ontworteld zijn geraakt, zullen niet gemakkelijk omgevormd worden tot de oprukkende troepen van de revolutie. Zo'n ontwikkeling moeten we niet verwachten; dat zou dwaas zijn. De massa's bourgeoisvrouwen zullen nooit uitgroeien tot de brede gelederen van de stoottroepen van de werkende klasse, die de beslissende gevechten zullen leveren om de heerschappij te vestigen. We mogen echter niet de diensten over het hoofd zien die zij kunnen leveren als verkenners in een tijd van burgeroorlog. Bovendien kunnen zij onrust, gisting en tweedracht brengen in het kamp van de burgerij, onze doodsvijand, en deze zo verzwakken.

---

2   In de Russische versie luidt deze zin: "Met miljoenen zijn ze aan het werk, waarbij ze gedwongen worden om de concurrentie van de mannen te weerstaan. Zolang het kapitalisme bestaat, zal de sterke sekse de zwakkere bedreigen in haar inkomen en in haar bestaansmiddelen."

Daarom, kort samengevat, brengt het enorme schade toe aan de revolutie en aan het activeren van de massa's voor deze revolutie als de communistische partijen van elk land niet dezelfde energie steken in de revolutionaire mobilisatie en opleiding van vrouwen voor de arbeidersstrijd als zij doen om de mannen te mobiliseren. De kameraden die vrouwen niet verzamelen en opleiden tot bewuste partners in de revolutie, noem ik bewuste saboteurs van de revolutie.

Kameraden, de tekortkomingen van bijna elke Communistische Partij in dit opzicht zijn minder evident geweest omdat het Uitvoerend Comité zich in woord en daad heeft ingespannen om inspanningen te bevorderen om de breedst mogelijke massa's vrouwen te verzamelen onder de vlag van de Derde Internationale. De voorzitter van het Uitvoerend Comité, kameraad Zinovjev, heeft blijk gegeven van een volledig inzicht in het feit dat het communistische werk onder vrouwen niets minder is dan de helft van het werk van de communisten in hun geheel. Na het Tweede Wereldcongres heeft het Uitvoerend Comité morele, politieke en financiële middelen verschaft om in elk land de inspanningen te ondersteunen om de communistische vrouwen in de partijen te verzamelen en hen als een samenhangende kracht de strijd in te leiden. Op deze manier vergemakkelijkte, bevorderde en structureerde het Uitvoerend Comité met succes de hartstochtelijke strijd van de kleine voorhoede van overtuigde en getrainde communistische vrouwen in verschillende landen. Wat wij bereikt hebben, heeft eer en vreugde gebracht aan het kleine contingent communistische vrouwen in elk land dat zich verzamelde rond de vlag van de Derde Internationale, vaak zonder enige aanmoediging en zelfs tegen hevige tegenstand in.

Zo is sinds vorig jaar het systematische werk van communistische vrouwen voor de revolutionaire mobilisatie en opvoeding van de breedste massa's arbeidersvrouwen tot stand gekomen. Onze Russische Communistische Partij heeft in dit opzicht baanbrekend en voorbeeldig werk verricht. Ook in Duitsland hebben de communistische vrouwen - in de oude Spartacusbond en later in de Verenigde Communistische Partij (VKPD), vanaf het moment van haar oprichting - systematisch en energiek gewerkt om vrouwen binnen de organisatie tot partners in de strijd te maken. Ook in Bulgarije hebben we een krachtige en doelbewuste communistische vrouwenbeweging, een vrouwenbeweging in de ware communistische zin van het woord, die zich inzet voor gemeenschappelijke activiteiten van mannen en vrouwen met het doel de brede massa's arbeiders- en boerenvrouwen te winnen voor de revolutionaire strijd. Maar in andere landen hebben wij slechts een begin gemaakt, en in sommige gevallen zelfs dat niet, met de ontwikkeling van zulk systematisch werk.

Wij hopen dat onze internationale vrouwenconferentie en dit congres hier alle communistische partijen zullen herinneren aan de plicht die zij tot nu toe hebben verwaarloosd of slechts knarsetandend hebben uitgevoerd om de schijn op te houden.

Onze Tweede Internationale Vrouwenconferentie is een bewijs van de kracht en het succes waarmee de communistische vrouwen in verschillende landen met het Uitvoerend Comité hebben samengewerkt. De Eerste Internationale Conferentie van Communistische Vrouwen in Moskou bracht vorig jaar slechts twintig afgevaardigden met beslissende stem uit zestien landen bijeen, plus enkele adviserende gasten.[3] Dit jaar echter, kameraden, kwamen er vertegenwoordigers uit achtentwintig landen naar de internationale conferentie. Tweeëntachtig afgevaardigden namen deel, waarvan eenenzestig met beslissende stem en eenentwintig met alleen raadgevende stem.

De pogingen om de internationale revolutionaire opmars van de vrouw in het kader van de Tweede Internationale te bevorderen, hebben nooit tot een conferentie met een dergelijk succes geleid. Afgezien van het aantal vrouwelijke afgevaardigden kunnen we, wanneer we kijken naar het grote aantal landen dat zich rond de vlag van de Derde Internationale heeft verzameld, toch met recht zeggen dat geen internationale conferentie van burgerlijke vrouwen ooit zo inclusief in vertegenwoordiging of zo verstrekkend in haar betekenis is geweest als de zojuist hier in Moskou gehouden conferentie. En laten we een bijzonder prominent en historisch belangrijk kenmerk van deze conferentie niet onvermeld laten: de deelname van vrouwen uit de oosterse volkeren.

Kameraden, het zou voor sommigen misschien verleidelijk zijn om het uiterlijk van de delegaties uit het Nabije en Verre Oosten louter vanuit esthetisch oogpunt te bekijken. Maar de vrouwelijke afgevaardigden verpersoonlijkten meer dan het exotische, ongewone en sprookjesachtige karakter van het Oosten. De conferentie beleefde een krachtig historisch moment, onvergetelijk en onsterfelijk in zijn betekenis. Want wat was de betekenis van het verschijnen van vrouwendelegaties uit het Oosten? Het vertelde ons dat de Oosterse volkeren zijn begonnen te ontwaken en de strijd aan te gaan. Zelfs de meest onderdrukten van de onderdrukten, vrouwen die eeuwen en millennia in de ban hebben geleefd van eeuwenoude religieuze en sociale overtuigingen, regels, gewoonten en gebruiken, gaan de revolutionaire strijd aan. De aanwezigheid op de con-

---

3 De eerste internationale conferentie van communistische vrouwen werd in Moskou gehouden van 30 juli tot en met 2 augustus 1920, tijdens het tweede congres van de Comintern.

ferentie van vrouwen uit het Nabije en Verre Oosten was een indicatie van hoe wijdverbreid en diepgaand de opmars van de revolutie in het Oosten is.

En dat is buitengewoon belangrijk voor ons in het Westen, voor de arbeiders in alle kapitalistische landen. De strijd om de bevrijding van de Britse en Franse arbeidersklasse zal namelijk niet alleen op hun geboortegrond worden uitgevochten, maar ook in de woeste gronden van India en Iran, in het bonte landschap van China, en in het hele Nabije en Verre Oosten. Kameraden, het feit dat vrouwen uit het Oosten naar ons toe zijn gekomen toont de buitengewoon wijde betekenis van de revolutionaire strijd van de Derde Internationale aan. Het is de eerste en tot nu toe enige organisatie die werkelijk de hoop en het vertrouwen van de Oosterse volkeren inboezemt; het is de eerste Internationale die de gehele mensheid omarmt. "De Internationale zal het menselijk ras zijn"[4] - de gehele mensheid. Dat was de betekenis van de aanwezigheid van vrouwen uit het Oosten op de conferentie.

Laten we eens een korte blik werpen op de Internationale Conferentie van Communistische Vrouwen zelf. De doelstellingen en taken van wat wij de Communistische Vrouwenbeweging noemen, zijn identiek aan de doelstellingen, taken, beginselen en politiek van de Derde Internationale, waartoe wij met trots behoren. De taak van de conferentie was het creëren van de instrumenten die nodig zijn om deze beginselen en deze politiek te verdedigen in de strijd tegen de kapitalistische wereld en al haar aanhangers. Daarom heeft de conferentie een groot deel van haar beraadslagingen gewijd aan twee kwesties: de vormen en methoden die de communistische partijen zullen gebruiken voor het communistische werk onder vrouwen; en de nauwe en hechte internationale banden die tot stand kunnen worden gebracht tussen de communistische vrouwen van elk land en hun partijen, met de Communistische Vrouwen Internationale in Moskou en, via haar tussenpersoon, met de gemeenschappelijke verenigde leiding: het Uitvoerend Comité van de Derde Internationale.

Kameraden, bij de bespreking van en besluitvorming over deze kwesties liet de conferentie zich leiden door een allesoverheersend principe: er is geen speciale communistische vrouwenorganisatie. Er is alleen een beweging, een organisatie van communistische vrouwen binnen de Communistische Partij, samen met de communistische mannen. De taken en doelstellingen van de communisten zijn onze taken en doelstellingen. Hier heerst geen geest van fractie of particularisme die op enigerlei wijze zou kunnen leiden tot verdeeldheid en afleiding van de revolutionaire krachten van hun

4 Een verwijzing naar de Duitse versie van het strijdlied De Internationale

grote doelen: het winnen van de politieke macht en het opbouwen van een communistische samenleving. De Communistische Vrouwenbeweging betekent eenvoudigweg de systematische inzet en systematische organisatie van onze krachten, zowel vrouwen als mannen, in de Communistische Partij om de breedst mogelijke massa's vrouwen te winnen voor de revolutionaire klassenstrijd van de werkenden, voor de strijd om het kapitalisme te overwinnen en de opbouw van het communisme te bereiken.

Maar, kameraden, dit principe van gemeenschappelijke organisatie en werk werd ook door de oude sociaaldemocratische partijen erkend. Het werd echter zo bekrompen, zo pietluttig, met zo'n mechanische toepassing van het gelijkheidsbeginsel uitgevoerd, dat het de energie van de vrouwen niet volledig ten dienste van de revolutie heeft gesteld. Wij communisten zijn revolutionairen van de daad, van de actie. Wij verliezen in het geheel niet de gemeenschappelijke belangen en strijd van werkende mannen en vrouwen uit het oog. Maar wij zijn alert op de gegeven, specifieke omstandigheden waarmee het communistische werk onder vrouwen te maken heeft. Wij vergeten niet de sociale omstandigheden die nog steeds op vele manieren de activiteit, het politieke ontwaken en de politieke strijd van vrouwen belemmeren - via de sociale instellingen, het gezinsleven en de bestaande sociale vooroordelen. Wij erkennen de invloed die duizenden jaren van slavernij heeft achtergelaten in de ziel en de psychologie van de vrouw. Daarom heeft de organisatie, naast alles wat zij gemeen heeft, speciale structuren nodig, speciale maatregelen, om aansluiting te vinden bij de massa's vrouwen, hen samen te brengen, en hen op te voeden tot communisten.

We stellen voor dat de leidende en regerende partijcomités dergelijke organen in het leven roepen: comités of commissies voor agitatie onder vrouwen, of hoe de partijen ze ook willen noemen. Deze commissies moeten bestaan vanaf de leiding van een kleine plaatselijke groep tot aan de centrale topleiding.

Wij noemen deze organen vrouwencommissies, omdat zij werk verrichten onder vrouwen, maar niet omdat wij het belangrijk vinden dat zij alleen uit vrouwen bestaan. Integendeel. Wij juichen het toe wanneer de vrouwencomités ook mannen omvatten met hun politieke ervaring en kennis.

Waar het ons om gaat is dat deze comités systematisch en voortdurend actief zijn onder de massa's vrouwen, dat zij een standpunt innemen ten aanzien van alle behoeften en belangen die het leven van vrouwen raken, en dat zij op alle terreinen van het maatschappelijk leven met praktische kennis en energie optreden voor het welzijn van miljoenen en miljoenen werkende en semi-werkende vrouwen. Deze vrouwencommissies kunnen en moeten natuurlijk alleen werken in nauw organisatorisch en ideologisch partnerschap met de organen van de partij in haar geheel. Maar om hun taken te kunnen vervullen, is het ook duidelijk dat zij vrijheid van initiatief moeten genieten en enige armslag moeten hebben voor hun activiteiten. De communistische partijen van Rusland, Duitsland en Bulgarije hebben, voor zover ik weet, in deze geest gehandeld of streven ernaar dit te doen. En zij hebben zeker geen slechte ervaringen opgedaan.

De partijorganen voor vrouwenwerk moeten systematisch agitatief, organisatorisch en vormend werk verrichten, door te spreken, te schrijven en alle middelen te gebruiken die hun ter beschikking staan. Eén ding mogen zij niet vergeten: niet het gesproken en geschreven woord, maar vooral werk en strijd is de belangrijkste en onmisbaarste methode om de grootste massa's te verzamelen en op te voeden. Daarom moeten de vrouwencommissies hun inspanningen richten op het betrekken van vrouwen als een onafhankelijke en actieve kracht bij alle acties van de Communistische Partij en alle strijd van de arbeidersmassa's.

Vrouwen die nu vaak obstakels zijn voor de revolutionaire strijd, moeten de drijvende kracht worden. Want laat ons klaar en duidelijk zijn kameraden: of de revolutie zal de vrouwen winnen of de contrarevolutie zal het doen! Reken er niet op dat naarmate de burgeroorlog heviger vormen aanneemt, dit de vrouwen zal dwingen te beslissen waar zij staan en waarvoor zij strijden. Als jullie communisten er niet voor zorgen dat de breedste massa's vrouwen in het revolutionaire kamp aanwezig zijn, zullen de burgerlijke partijen ervoor zorgen dat zij in het kamp van de contrarevolutie komen. De Scheidemanns en Dittmanns - alle halve en kwart Internationales - zullen alles in het werk stellen om de vrouwen in het grensgebied tussen revolutie en contrarevolutie te houden, dat vandaag de meest veilige verdediging is van de contrarevolutie en de burgerlijke maatschappij.

Met het oog hierop, kameraden, moeten de communistische partijen er via de vrouwencommissies naar streven om vrouwelijke arbeiders en vrouwelijke communisten niet alleen bij het legale werk te betrekken, maar ook bij de ondergrondse activiteit. Dat spreekt vanzelf. Er zijn ondergrondse taken, te beginnen met koerierstaken, waarvoor vrouwen bij uitstek geschikt zijn om die bekwaam en loyaal uit te voeren. Het is even vanzelfsprekend dat de communistische partijen ernaar moeten streven om de breedst mogelijke massa's vrouwen als actieve kracht te betrekken bij alle strijd van de arbeidersklasse: van een staking tegen de verlenging van de werkdag, via een betoging op straat, tot een opstand, tot een gewapende strijd. Er is geen aspect of vorm van revolutionaire strijd en burgeroorlog die niet de zaak is van vrouwen die hun bevrijding zoeken door middel van het communisme. In de resolutie die wij u voorleggen, worden de beginselen die ik u hier heb uiteengezet, gedetailleerd uitgelegd.

Wat betreft de internationale verbindingen tussen communistische vrouwen van elk land en met het vrouwensecretariaat in Moskou, vragen wij dat de communistische partijen het volgende doen.

In de eerste plaats moet in elk land een internationale vrouwencorrespondent worden gekozen. Deze correspondenten onderhouden de contacten met elkaar en met het secretariaat in Moskou. Ten tweede, in West-Europa een hulporgaan oprichten dat het Internationaal Vrouwensecretariaat in Moskou kan bijstaan.

Bij de erkenning van het werk van onze conferentie heb ik verzuimd te verwijzen naar een bijzonder belangrijk besluit. We moeten de aandacht van de communistische groepen in de vakbonden richten op de dringende taak om vrouwelijke arbeidsters bij hun activiteiten te betrekken, zowel in de vakbondsstrijd tegen de uitbuiters als in de strijd tegen de vakbondsbureaucratie. Het behartigen van de belangen van de werkende vrouwen vormt de basis voor een brede alliantie waardoor de communistische kameraden in de vakbonden de strijd kunnen aanbinden met de vakbondsbureaucratie.

Deze bureaucratie heeft de belangen van de werkende vrouwen op drie manieren verraden. Ten eerste heeft zij, in het belang van het kapitalisme, de strijd voor de slogan van gelijk loon voor gelijk werk, zonder onderscheid tussen mannen en vrouwen, opgegeven. Ten tweede heeft zij ook verraad gepleegd door zonder verzet toe te kijken - en zelfs goed te keuren - dat, toen de oorlog ten einde liep, de vrouwen als eersten uit de fabrieken en andere arbeidsplaatsen werden gegooid. Waarom was dat? Omdat uitgehongerde vrouwen minder gevreesd werden dan mannen, vanwege hun politiek minder sterk ontwikkeld bewustzijn. Bovendien beweerden zij ten onrechte dat in de behoeften van vrouwen werd voorzien door het feit dat zij natuurlijk altijd als prostituee de straat op konden gaan of een gearrangeerd huwelijk konden sluiten. De vakbondsbureaucratie heeft de belangen van de werkende vrouwen een derde keer verraden door niet de strijd aan te binden tegen het schreeuwende onrecht dat werkloze vrouwen worden afgescheept met een lagere vergoeding dan werkloze mannen - als ze al iets krijgen.

Dit zijn, naar mijn mening, kwesties die door onze communistische vakbondsgroepen moeten worden opgepakt en benut, om vrouwen in de fabrieken op te leiden tot revolutionaire strijders. We moeten ook het grote belang erkennen van beroeps- en vakbondsopleiding van vrouwen voor de communistische opbouw nadat de arbeidersklasse de politieke macht heeft gewonnen.

Laat me verder gaan met wat het congres heeft besloten - of beter gezegd, wat het besloot aan dit congres voor te leggen - om de internationale communicatie tussen communistische vrouwen in verschillende landen te verbeteren. Zoals ik al eerder zei, moeten de partijen internationale vrouwelijke correspondenten kiezen, die een regelmatige en voortdurende correspondentie moeten onderhouden met elkaar en met het secretariaat van de communistische vrouwen in Moskou. Maar dit secretariaat zelf moet efficiënter worden. Wij willen dat het meer is dan alleen maar een informatiebureau voor het werk en de strijd van communistische vrouwen. Het moet een leidinggevend orgaan zijn dat de activiteit van arbeidersvrouwen in de arbeidersstrijd verenigt, intensiveert en vergroot. Daartoe heeft het een internationaal hulporgaan in het buitenland nodig. Het secretariaat zelf moet in Moskou blijven, en niet alleen om nauwe organisatorische banden met het Uitvoerend Comité te verzekeren, maar om dezelfde objectieve en historische redenen waarom het Uitvoerend Comité zelf in Moskou gevestigd moet zijn. Moskou is het hart van de revolutie en de hoofdstad van het revolutionaire Rusland. Het is hier dat de ervaringen van de revolutionaire strijd samenkomen en kunnen worden gebruikt als basis voor theoretische inzichten en praktische leiding. Kameraden, wij zijn ervan overtuigd dat een bescheiden hulporgaan in West-Europa nuttige diensten zal bewijzen aan het secretariaat in Moskou en vragen u daarom de betreffende resolutie goed te keuren.[5]

De conferentie heeft zich ook gebogen over de plichten en capaciteiten van vrouwen in de strijd voor de vestiging en handhaving van de arbeidersheerschappij, de sovjetorde. Wij hebben deze kwestie eerst en vooral behandeld in het licht van haar algemene, fundamentele betekenis voor de revolutionaire strijd van de arbeidersklasse en dus voor de volledige bevrijding van alle vrouwen. Daarom onderzochten wij dit in termen van de economische en politieke situatie in de wereld, die de arbeidersklasse slechts de

---

5 Na het congres werd het secretariaat overgebracht naar Berlijn en bleef er een hulporgaan in Moskou.

keuze laat tussen een revolutionaire verovering van de macht of de aanvaarding van intensievere uitbuiting en dienstbaarheid. Vrijheid of afdaling in barbarij: dat is de beslissing die de geschiedenis voor de arbeidersklasse en ook voor de brede massa van de vrouwen heeft geplaatst.

Vervolgens bespraken we de deelname van vrouwen aan de inspanningen en de strijd ter verdediging van de arbeidersheerschappij, met inbegrip van hun medewerking aan de wederopbouw van het economische en sociale leven nadat de heerschappij is gevestigd. Tenslotte hebben we ons gebogen over de kwestie van de strijd van de werkende klasse om de politieke macht te winnen en te behouden, met betrekking tot de strijd voor politieke gelijkheid van het vrouwelijk geslacht voor de wet en in het leven.

De conferentie was unaniem in haar overtuiging dat alle wegen naar Rome leiden. Met andere woorden, alle eisen die vrouwen stellen in hun werk, als moeder en als mens; alle eisen die zij moeten stellen om, op basis van hun sociale arbeid, leden van de maatschappij te worden, volledig gelijk te zijn in rechten en verantwoordelijkheden; alle pijn en ontberingen in hun leven; al hun verlangen en streven - dit alles komt samen in één enkele oproep: tot actieve, moedige en toegewijde deelname aan de revolutionaire strijd om de arbeidersheerschappij te winnen en de Sovjet-orde te vestigen. En na het bereiken van dit doel: met zelfopoffering en tot het laatste restje energie werken aan de verdediging van de sovjetorde, met niet alleen wapens maar ook schoppen in de hand, om een nieuw sociaal leven op te bouwen, dat niet alleen de arbeidersheerschappij, de sovjetorde, rechtvaardigt, maar ook de zekerste basis biedt om haar te handhaven.

Kameraden, bij de bespreking van deze vraagstukken hebben wij zonder enige twijfel duidelijk gemaakt, dat de Communistische Vrouwenbeweging niet leeft en streeft in een wolk van politieke neutraliteit. Het is waar dat op onze conferentie niet alle principiële en tactische kwesties aan de orde zijn gekomen waarover de Derde Internationale nu en in het verleden een besluit moet nemen. Maar het is vanzelfsprekend dat iedere communistische vrouw haar algemene principiële en tactische overtuigingen langs deze lijnen heeft gevormd en een standpunt heeft ingenomen over de problemen waarvan de invloed op de vrouwenbeweging ons zorgen baart. En nog iets anders is duidelijk: jullie strijd voor deze principes en tactieken, binnen elke Communistische Partij, zal en moet ook onze strijd zijn.

Kameraden, als afgevaardigden van de Internationale Conferentie van Communistische Vrouwen willen wij naar alle landen gaan en de vrouwen daar laten zien dat Rusland een groot historisch voorbeeld is. Het leert ons dat er zonder het veroveren van de politieke macht en het vestigen van een arbeidersheerschappij geen manier is om het communisme op te bouwen en bevrijding en gelijkheid van vrouwen te bereiken. Maar we zeggen ook tegen de communistische partijen van elk land dat het communisme niet kan worden opgebouwd als vrouwen niet meewerken en strijden. In de strijd om zowel het kapitalisme te overwinnen als het communisme te bereiken, heeft de arbeidersklasse medewerking van vrouwen nodig, en niet alleen vanwege de kwantitatieve factoren waar ik eerder naar verwees. Nee, wij zeggen tegen de werkenden die naar vrijheid verlangen en die vrijheid hebben bereikt, dat onze medewerking ook onontbeerlijk is vanwege de kwaliteiten die onze verworvenheden inbrengen. Godzijdank zijn we niet jullie aapachtige imitators, geen mislukte, inferieure kopieën van jullie zelf. Wij injecteren onze onderscheidende intellectuele en morele waarden, zowel in de revolutionaire strijd als in de revolutionaire opbouw. En dat betekent geen bedreiging of een vermindering van de revolutionaire strijd, maar veeleer een intensivering en verscherping ervan. Het betekent niet dat het leven in de nieuwe maatschappij verarmd, misvormd of oppervlakkig zal zijn, maar dat het rijker, diverser, diepgaander en verfijnder zal zijn.

Dus, vrouwen in de sovjetstaten: neem deel aan de besluitvormende, bestuurlijke, toezichthoudende, economische, politieke en culturele organen en organisaties! En zo, arbeidersvrouwen, onvrij en onderdrukt in de landen die nog steeds wegkwijnen onder kapitalistische heerschappij: neem deel aan alle strijd en strijden van de arbeidersklasse! Laten we niet vergeten wat één van de beste studenten van de vroegere revolutionaire beweging van Rusland schreef. In zijn beroemde boek 'Ondergronds Rusland' zei Stepniak dat de revolutionaire beweging in Rusland de kracht van haar hoge idealen, haar bijna religieus enthousiasme en kracht te danken had aan de medewerking van vrouwen in werk, in strijd, in leven en in dood. Die grote traditie leeft nog steeds in Rusland, en zij moet de grote traditie worden die de weg wijst voor de arbeidersstrijd in alle kapitalistische landen en alle landen van het Oosten.

Kameraden, op dit congres is ons gezegd: 'Voorzichtig, voorzichtig, voorzichtig. Verlies het contact niet met de brede massa's, die de beslissende strijd van de revolutie zullen voeren'. En we weten hoe waar en juist dat is. Maar we hebben nog iets anders geleerd uit de geschiedenis van de revolutie: 'Durf, durf en nog eens durf'[6] bij het aanvoeren van de revolutionaire massa's om vooruit te gaan. En laat me u verzekeren:

---

6 Een verwijzing naar een uitspraak van Danton

wij vrouwen, wier zielen branden van verlangen naar het communisme, wij die zeker de sterkste en meest onverbiddelijke haat tegen het kapitalisme koesteren, wij moeten ernaar streven om een nuchtere beoordeling van de situatie die voor ons ligt te combineren met een stoutmoedige inzet voor het grote doel van de overwinning.

Wij zijn ons terdege bewust van de gevaren die ons bedreigen - niet alleen daar waar wij strijden om de macht te veroveren, maar ook daar waar de macht reeds is veroverd en waar die wordt bedreigd door contrarevolutie van binnenuit en van buitenaf en door alle moeilijkheden die de opbouw van het communisme onder de moeilijkst denkbare omstandigheden met zich meebrengt. Wij vrouwen zijn echter niet ontmoedigd door wat achter ons ligt, noch zijn wij bang voor wat ons bedreigt. Onze ogen zijn gericht op het stralende doel van het communisme, dat de mensheid zal bevrijden. Wij zien duidelijk de weg naar dit doel: burgeroorlog, revolutionaire strijd met zijn verschrikkingen en gevaren. En ondanks alles hebben we maar één leus: "Voorwaarts!" (Langdurig luid applaus)

DE REVOLUTIONAIRE VERANDERING VAN HET DAGELIJKSE LEVEN

DOOR ALEKSANDRA KOLLONTAJ (1921)

Deze tekst komt uit een reeks van veertien lezingen door Kollontaj voor de Sverdlov-universiteit in 1921. We publiceren de twaalfde van deze lezingen.[1]

In de laatste lezingen hadden we het over de objectieve voorwaarden die als uitgangspunt dienen voor het economisch systeem dat de arbeidersklasse sinds haar machtsovername heeft ontwikkeld. Verplichte arbeid voor iedereen is een zeer belangrijk onderdeel van deze nieuwe productiewijze, en we hebben ook laten zien hoe door deze verplichte arbeid de situatie van de vrouw ingrijpend is veranderd. Vandaag zullen we de rol analyseren die het nieuwe economische systeem speelt in het dagelijkse leven, de gewoonten, het bewustzijn en de hoop van de mensen, en we zullen ook de ideeën analyseren die aan dit economische systeem ten grondslag liggen en de basis leggen van de toekomstige communistische samenleving.

Iedereen die kan zien en waarnemen, erkent dat het dagelijks leven ingrijpend is veranderd. In de afgelopen vier jaar heeft onze arbeidersrepubliek de wortels van de eeuwenoude onderwerping van de vrouw uitgetrokken. Onze Sovjetregering mobiliseert vrouwen voor de productie en tracht hun leven op een geheel nieuwe basis te reorganiseren. Overal ontstaan collectivistische houdingen, tradities, opvattingen en concepten als voorbereiding op de toekomstige communistische samenleving.

---

1 Een nieuwe uitgave van de veertien lezingen in het Nederlands werd bij de publicatie van dit boek voorbereid.

Eén van de grondslagen van het communistische productiesysteem is de reorganisatie van de consumptie. De regulering van de consumptiesector volgens de communistische beginselen mag niet beperkt blijven tot het precies dekken van de behoeften van de consumenten of tot het gelijkmatig verdelen van de rijkdom van het land. Reeds in de herfst van 1918 hebben we in alle steden het beginsel van de openbare kantines ingevoerd. De gemeentelijke kantines en de gratis maaltijden voor kinderen en jongeren hebben de plaats ingenomen van de gezinshuishouding. De ontwikkeling en de toepassing van onze openbare kantines op de gehele samenleving werd helaas belemmerd door onze armoede en het gebrek aan voedsel. Maar het principe van het collectief voedselsysteem is in de praktijk gebracht en er worden reeds voedselcentra opgericht, hoewel het ons nog aan voedsel ontbreekt om een rationelere, planmatigere en meer gecentraliseerde distributie te organiseren.

De imperialistische staten hebben ons verarmde land een hardnekkige en doeltreffende blokkade opgelegd, waardoor andere volkeren ons niet de producten kunnen leveren die wij zo dringend nodig hebben en waarvan we de collectieve distributie zouden kunnen verzekeren. Ondanks deze moeilijkheden zijn de openbare kantines een onmisbare factor geworden in het dagelijkse leven van de stadsbevolking, ondanks de ontoereikendheid en de slechte kwaliteit van de maaltijden. De levensmiddelen waren niet alleen ontoereikend, ze werden ook slecht gebruikt. In de jaren 1919-1920 ging echter bijna 90% van de bevolking van Petersburg en 60% van de inwoners van Moskou regelmatig naar de kantines. Tegen 1920 aten twaalf miljoen stadsbewoners, kinderen inbegrepen, in openbare kantines. Dit feit alleen al bracht natuurlijk een belangrijke verandering teweeg in het "dagelijkse leven" van de vrouw. Het koken, dat vrouwen nog meer in slavernij houdt dan het moederschap, was niet langer een noodzakelijke voorwaarde voor het bestaan van het gezin. Ongetwijfeld speelt het privé-gezin nog een belangrijke rol tijdens de overgangsperiode, en het zal dat blijven doen zolang het communisme een ver verwijderd doel blijft, de normen van het burgerlijk gedrag niet volledig zijn weggewerkt en de grondslagen van de nationale economie niet radicaal zijn veranderd. Maar zelfs in deze overgangsperiode begint het huiselijke gezin zijn ereplaats te verliezen.

Zodra we erin geslaagd zijn onze armoede en honger te beteugelen en de algemene ineenstorting van de productiekrachten een halt hebben toegeroepen, zullen we de kwaliteit van de openbare kantines verbeteren en zal de keuken thuis niet meer zijn dan een ondersteuning, een aanvulling op de collectieve keuken. Want de arbeidster begint zich reeds rekenschap te geven van de tijd die ze bespaart met de kant-en-klare maaltijden in de kantine. Als ze nog klaagt over de kantines, dan is het tegen de ontoereikendheid en de lage voedingswaarde van de maaltijden die daar nu worden verstrekt, waardoor ze genoodzaakt is deze thuis aan te vullen. Als de kwaliteit van de maaltijden superieur was, zouden weinig vrouwen naar hun fornuis terugkeren. In de burgerlijke maatschappij gebruikte de vrouw haar culinaire vaardigheden om haar echtgenoot te verwennen omdat hij 'voor haar zorgde'. In de arbeidersstaat daarentegen worden vrouwen erkend als onafhankelijke personen. Het is moeilijk voor te stellen dat er in ons land veel vrouwen zijn die bereid zijn urenlang achter hun fornuis te staan om alleen maar hun man te behagen.

We moeten mannen heropvoeden, zodat zij hun vrouwen leren liefhebben en waarderen, niet om hun kookkunst, maar om hun persoonlijkheid en menselijke kwaliteiten. In de geschiedenis van de vrouw is de "scheiding van koken en huwelijk" een grote hervorming. Deze is niet minder belangrijk dan de scheiding van kerk en staat. In de praktijk is deze scheiding echter pas tot stand gekomen, ook al is onze arbeidersrepubliek in de eerste maanden na de revolutie begonnen met het organiseren van openbare kantines. Deze kantines vormen, in tegenstelling tot de gezins- en particuliere huishouding, een zuinige en rationele installatie, waarvoor minder arbeid, energie en levensmiddelen nodig zijn. Deze praktische ervaringen zijn voor ons van groot belang en stellen ons in staat de algemene ontwikkelingslijn van ons toekomstig economisch beleid uit te stippelen. Anderzijds heeft de verslechtering van de economische situatie de noodzaak om deze kantines te organiseren dringender gemaakt.

De levensomstandigheden en de mate van bewustzijn van vrouwen worden natuurlijk ook beïnvloed door de nieuwe woonomstandigheden. In geen land zijn er zoveel gemeenschapshuizen als in onze arbeidersrepubliek. Gemeenschapswoningen, collectieve huizen voor gezinnen en ook voor alleenstaande vrouwen zijn in ons land wijdverbreid. Iedereen wil verhuizen naar een gemeenschapshuis.

Niet uit "principe" natuurlijk, niet uit overtuiging, zoals de Fourieristen[2] van de eerste helft van de 19e eeuw, die onder invloed van Fouriers socialistische ideeën kunstmatige en onleefbare "phalanstères" organiseerden, maar gewoon omdat het veel gemakkelijker en handiger is in een gemeenschappelijk huis te wonen dan in een privé-accom-

---

2. Charles Fourier (1772-1837) was een Franse utopische socialist die een samenleving bestaande uit lokale gemeenschappen ontwierp. Elke gemeenschap, ofte phalange, vormde een coöperatie en zou in een groot gebouw wonen en werken.

modatie. De communes beschikken over voldoende hout en elektriciteit; in de meeste is er een gemeenschappelijke keuken en een waterketel. Schoonmaak wordt gedaan door betaalde huishoudsters. In sommige gemeenschappen is er een centrale wasserij, een crèche of een kleuterschool. Nu de algemene crisis in de nationale economie om zich heen grijpt, brandstof schaars wordt en het onderhoud van waterleidingen wordt verwaarloosd, gaan steeds meer mensen op zoek naar een gemeenschappelijk huis. De wachtlijsten voor gemeenschappelijke woningen worden steeds langer, en de bewoners van gemeenschappelijke woningen worden benijd door de bewoners van particuliere woningen.

Het is waar dat gemeenschappelijke woningen de particuliere woningbouw nog lang niet hebben verdrongen en dat de overgrote meerderheid van de stadsbewoners nog steeds in de huishouding en in geïsoleerde gezinseenheden moet leven. Maar we zijn begonnen met het overwinnen van de sociale normen van het traditionele gezinsleven. Onder druk van moeilijke economische omstandigheden willen niet alleen alleenstaanden, maar ook gezinnen in gemeenschapswoningen gaan wonen, maar wat ons hier interesseert is dat de communes om tal van redenen reeds de voorkeur genieten van vele stadsbewoners. Wanneer de productie eenmaal op gang is gekomen en de gemeenschapshuizen zijn verbeterd, zullen zij dan ook gemakkelijk kunnen concurreren met de particuliere familie-economie, waar de arbeidskrachten van de vrouwen worden verspild. Steeds meer vrouwen zijn zich bewust van de voordelen van het leven in een gemeenschap, vooral zij die gebukt gaan onder de dubbele last van werk en gezin. Juist voor werkende vrouwen biedt het gemeenschappelijk wonen een ongeëvenaarde steun en verlichting. De gemeenschappelijke keuken, de centrale wasserij, de gegarandeerde aanvoer van brandstof, warm water en elektriciteit, en het werk van de betaalde huishoudsters ontzien deze vrouwen van heel wat huishoudelijke taken. Elke werkende vrouw zou vandaag maar één ding mogen wensen: dat de gemeenschapshuizen zich zouden vermenigvuldigen en eindelijk een einde maken aan het vermoeiende en onproductieve huishoudelijke werk dat haar vroeger werd opgedragen.

Natuurlijk zijn er nog steeds vrouwen die hardnekkig aan het verleden vasthouden. Dit is het type echtgenote voor wie heel haar bestaan uitsluitend gewijd is aan haar kookpotten. Zelfs in gemeenschapshuizen vinden deze vrouwen - vaak echtgenotes van arbeiders - een manier om hun leven te wijden aan de kunst van het koken. Maar met de definitieve invoering van de communistische productiewijze zullen deze uitgebuite wezens historisch gedoemd zijn te verdwijnen. De ervaring van de laatste jaren van de revolutie bevestigt dat gemeenschappelijke huizen niet alleen de meest rationele oplossing voor het huisvestingsprobleem zijn, maar ook ongetwijfeld het leven van de werkende vrouwen vergemakkelijken. Zelfs in de huidige overgangsperiode hebben vrouwen die in communes wonen al meer tijd om zowel voor hun gezin als voor hun werk te zorgen. De individuele gezinshuishouding zal noodzakelijkerwijs verdwijnen naarmate het aantal gemeenschappelijke woningen met naar individuele smaak ingerichte individuele eenheden toeneemt. En met deze verdwijning zal ook het burgerlijke gezin verdwijnen. Nu het gezin niet langer een economische eenheid van de kapitalistische maatschappij is, kan het niet langer in zijn huidige vorm bestaan. Deze verklaring vormt echter nog geen bedreiging voor de aanhangers van het burgerlijk gezin en zijn individuele, naar binnen gerichte economie. In deze periode van overgang van kapitalisme naar communisme, in het tijdperk van de heerschappij van de werkende klasse, wordt een hevige en bittere strijd gevoerd tussen collectieve vormen van leven en consumptie en de particuliere gezinseconomie. Helaas is er op dit gebied nog veel te doen. Collectieve vormen van economie zullen alleen slagen als het deel van de bevolking dat er het meest rechtstreeks mee te maken heeft - onze werkende vrouwen - actief deelneemt aan de verandering.

Hoewel de statistische gegevens van onze republiek op het gebied van huisvesting nog zeer gebrekkig zijn, is de informatie die we over Moskou hebben meer dan voldoende om de belangrijke sociale rol van gemeenschappelijke woningen in grote steden vast te stellen. In 1920 bijvoorbeeld waren er van de 23.000 huizen in Moskou bijna 9.000 gemeenschappelijke huizen, d.w.z. bijna 40% waren gemeenschappelijke huizen. Vanaf de eerste jaren van haar bestaan heeft de Sovjetrepubliek de voorwaarden geschapen voor de langzame maar zekere bevrijding van vrouwen van huishoudelijke taken.

De vermindering van het onproductieve werk van vrouwen in de huishouding is slechts één aspect van het totale probleem, aangezien vrouwen ook verantwoordelijk zijn voor de opvoeding en verzorging van kinderen. Deze veeleisende taak beperkt vrouwen ook tot het huis en maakt hen dienstbaar aan het gezin. Het beleid van de Sovjetregering beschermt echter de sociale functie van het moederschap en ontlast de vrouwen aanzienlijk van de last van de opvoeding van de kinderen door deze naar de gemeenschap te verschuiven.

In haar zoektocht naar nieuwe arbeidersmanieren van leven maakte de Sovjet-Republiek onvermijdelijke fouten en moest zij haar beleidslijn meer dan eens wijzigen en corrigeren. Maar op het gebied van de bescherming van moeders en de bescherming van de arbeid van vrouwen heeft onze arbeidersrepubliek van meet af aan de juiste weg gekozen. Het is juist op dit gebied dat zich nu een grote en diepgaande omwenteling van tradities en opvattingen voltrekt, omdat we enerzijds de particuliere eigendom van de productiemiddelen hebben afgeschaft en anderzijds een gezinsbeleid hebben opgebouwd dat is afgestemd op de industrialisatie van ons land. In ieder geval zijn we erin geslaagd het belangrijkste en tot dusver onopgeloste probleem van de kapitalistische samenleving op te lossen.

Zo hebben we het probleem van de bescherming van het moederschap benaderd in nauwe samenhang met de belangrijkste economische taak: de ontwikkeling van de productiekrachten van het land, het herstel en de uitbreiding van de productie. Om deze economische wederopbouw te verwezenlijken, is het noodzakelijk de potentiële arbeidskrachten te bevrijden van hun onproductieve arbeid en de beschikbare arbeidsreserves rationeel te gebruiken. En daarom ook moeten wij bijzondere aandacht schenken aan de toekomstige generaties, die het bestaan van onze arbeidersrepubliek garanderen. De regering opent momenteel geheel nieuwe perspectieven. Als we die aanvaarden, moeten we erkennen dat de problemen van de vrouwenemancipatie en het moederschap zichzelf zullen oplossen. De zorg voor en de opvoeding van de toekomstige generaties zijn niet langer particuliere en familiale taken, maar worden nu door de staat en de samenleving in handen genomen. De zorg voor moeders moet niet alleen in het belang van de vrouwen zijn, maar ook omdat de arbeidersstaat in deze overgangsperiode belangrijke economische taken moet oplossen - we moeten vrouwen bevrijden van onproductieve huishoudelijke taken ten dienste van het gezin, zodat ze eindelijk efficiënt kunnen werken - ook in het belang van het gezin. De gezondheid van de vrouw moet bijzondere aandacht krijgen, want alleen op die manier kan een normale groei van onze arbeidersrepubliek worden gegarandeerd.

In de burgerlijke maatschappij verhinderen de klassentegenstellingen, de verdeling van de maatschappij in particuliere gezinseenheden en natuurlijk de kapitalistische productiewijze dat het probleem van de bescherming van de moeder in deze termen wordt gesteld. In de Sovjetrepubliek daarentegen, waar de particuliere gezinseconomie ondergeschikt is aan de collectieve publieke economie, wordt deze oplossing voor het probleem van de bescherming van de moeder gedicteerd door de sociale dynamiek, de noodzaak en het leven zelf. Bovendien beschouwt de Sovjetrepubliek vrouwen als een levende, potentiële of daadwerkelijke beroepsbevolking. Het moederschap is in ons land dus niet langer een particuliere, familiale aangelegenheid; de moederfunctie is een belangrijke, zij het aanvullende, functie, maar het is bovenal een sociale functie van de vrouw. Kameraad Vera P. Lebedeva zegt: "Het welzijn van moeder en kind is een factor in ons beleid om vrouwen in het arbeidsproces te integreren."

Maar als we vrouwen de kans willen geven deel te nemen aan de productie, moet de gemeenschap hen verlossen van de zware last van het moederschap en zo voorkomen dat deze natuurlijke functie door de maatschappij wordt uitgebuit. Werk en moederschap zijn verenigbaar vanaf het ogenblik dat de opvoeding van de kinderen niet langer een privé-gezinstaak is, maar een sociale instelling, een zaak van de gemeenschap. Onze Sovjetregering houdt zich bezig met de zorg en opvoeding van kinderen. De afdeling voor de bescherming van het moederschap en de kinderjaren, onder leiding van Vera P. Lebedeva, en de afdeling van het sociaal onderwijs nemen deze taak op zich.

De moeder moet worden bevrijd van de last van het moederschap en ten volle kunnen genieten van haar relatie met haar kind.

Natuurlijk is dit doel nog lang niet bereikt. Bij de verwezenlijking van de nieuwe arbeiderslevensstijlen, die de vrouwen moeten bevrijden van hun gezinstaken, stuiten we nog steeds op hetzelfde obstakel: economische armoede. We hebben echter de grondslagen gelegd voor de oplossing van het probleem van het moederschap en de weg aangegeven die we moeten bewandelen. Het enige wat we nu moeten doen, is ons ertoe verbinden.

Tijdens de laatste lezing heb ik de sociale en politieke maatregelen voorgesteld die ten aanzien van de moeders zijn genomen. Maar de arbeidersrepubliek beperkt zich niet tot het bieden van materiële en financiële bescherming voor het moederschap. Bovenal streeft zij ernaar de bestaansvoorwaarden van vrouwen te veranderen, zodat ze volledig in staat zijn hun moederschap op zich te nemen en tegelijkertijd de kinderen te beschermen, door hun de zorg te bieden die nodig is voor hun gezondheid en ontwikkeling. Daarom heeft onze heerschappij van de werkende klasse zich vanaf het begin van de revolutie voorgenomen om het hele land te voorzien van een hecht netwerk van organisaties voor moederhulp en sociale opvoeding. Toen ik benoemd werd tot Volkscommissaris voor Openbare Bijstand, was mijn eerste zorg het uitwerken van het decreet over de bescherming van moeders.

Het Volkscommissariaat voor Gezondheid richtte toen een afdeling op voor de bescherming van moeders en kinderen en richtte een model 'moederschapspaleis' op. Onder de energieke leiding van kameraad Vera P. Lebedeva heeft het systeem van bescherming van moeders ondertussen vaste voet gekregen en is het tot bloei gekomen. In het tsaristische Rusland waren er in totaal zes consultatiebureaus voor zwangere vrouwen. Vandaag zijn er al meer dan 200 van dergelijke centra, evenals 138 borstvoedingscentra.

Moederschap betekent niet noodzakelijk dat je zelf de luiers van je kind moet wassen, je kind moet baden en verschonen en aan de wieg genageld moet zitten. Onze voornaamste taak is dus de werkende vrouw te ontlasten van de zorg voor haar kinderen; de sociale functie van het moederschap is immers in de eerste plaats kinderen ter wereld te brengen. Dit is ook de reden waarom onze maatschappij zwangere vrouwen de meest gunstige omstandigheden voor de bevalling garandeert. Van haar kant moet de vrouw de voorgeschreven regels inzake hygiëne in acht nemen en bedenken dat zij gedurende de negen maanden van de zwangerschap in zekere zin ophoudt bij zichzelf te horen. Zij staat, kortom, ten dienste van de gemeenschap, en haar lichaam "brengt" een nieuw lid voort voor de arbeidersrepubliek. Een andere plicht van de vrouw die voortvloeit uit de sociale functie van het moederschap is haar kind zelf te verzorgen. De andere zorgen die het moederschap vereisen, kunnen dan door de gemeenschap worden verzorgd. Het moederinstinct mag echter niet onderdrukt worden. Maar waarom zou de moeder haar zorg en liefde alleen aan haar eigen kind geven? Zou het niet beter zijn dat moeders dit kostbare instinct verstandiger gebruiken, bijvoorbeeld door het over te dragen op alle kinderen die behoefte hebben aan liefde en tederheid?

Het motto: "Wees een moeder, niet alleen voor je eigen kind, maar voor alle kinderen van arbeiders en boeren", moet werkende vrouwen een nieuwe kijk op het moederschap bijbrengen. Kunnen wij bijvoorbeeld toestaan dat een moeder, misschien zelfs een communiste, haar borst weigert aan een kind dat wegkwijnt door gebrek aan melk? De toekomstige mensheid, met haar communistische gevoelens en opvattingen, zal even vreemd zijn aan dit soort egoïstisch en asociaal gedrag als wijzelf wanneer we verhalen lezen over de vrouwen van primitieve stammen die, terwijl zij hun eigen kinderen teder liefhebben, in staat zijn om met eetlust de kinderen van een vreemde stam te verorberen.

Een andere anomalie is dat we kunnen aanvaarden dat een moeder haar eigen kind de melk van haar borst onthoudt, gewoon omdat het moederschap een te zware last voor haar is. In de Sovjet-Unie neemt het aantal kinderen dat door hun ouders in de steek wordt gelaten, helaas voortdurend toe. Dergelijke verschijnselen verplichten ons om het probleem van het moederschap op een bevredigende manier op te lossen. Maar daar zijn we nog niet in geslaagd. In deze moeilijke overgangsperiode worden honderdduizenden vrouwen opgezadeld met zowel betaald werk als moederschap. Er zijn niet genoeg crèches, kleuterscholen en kinderdagverblijven, en de uitkeringen voor moeders houden geen gelijke tred met de stijgende prijzen op de vrije markt. Deze omstandigheden leiden ertoe dat werkende vrouwen de last van het moederschap vrezen en hun kinderen 'aan de staat overlaten'. De toename van het aantal in de steek gelaten kinderen toont echter ook aan dat vrouwen nog steeds niet hebben begrepen dat het moederschap niet alleen een privé-aangelegenheid is, maar bovenal een sociale plicht.

Jullie zullen met vrouwen werken, en jullie zullen bijzondere aandacht aan dit probleem moeten besteden om aan vrouwelijke arbeiders in de industrie, boeren en landarbeiders uit te leggen welke plichten het moederschap in onze arbeidersrepubliek met zich meebrengt. Tegelijkertijd moet het netwerk voor de bescherming van moeders worden versterkt en het sociale-educatiesysteem worden verbeterd. Hoe gemakkelijker het voor moeders is om werk en moederschap te combineren, hoe minder kinderen in de steek zullen worden gelaten.

We hebben zojuist gezegd dat moederschap niet betekent dat het kind voortdurend bij zijn moeder moet blijven, noch dat alleen zij zich moet wijden aan zijn lichamelijke en zedelijke opvoeding. Maar anderzijds is het ook de plicht van de moeder jegens het kind om het de beste voorwaarden voor zijn groei en ontwikkeling te bieden.

In welke klasse van de burgerlijke maatschappij vind je de gezondste en meest alerte kinderen? In de meer bevoorrechte klassen, maar zeker niet bij de armen. Waaraan is dit te wijten? Aan het feit dat burgermoeders zich volledig wijden aan de opvoeding van hun kinderen? Absoluut niet. Burgermoeders besteden de zorg voor hun kinderen vrijwillig uit aan ingehuurde hulp: kindermeisjes, nannies, gouvernantes. Alleen in arme gezinnen dragen de moeders de volledige last van het moederschap. Hun kinderen zijn meestal aan hun lot overgelaten en aan de willekeur van de straat, die hun enige opvoeder wordt. In de arbeidersklasse en, in het algemeen, in de arme lagen van de bevolking van de kapitalistische landen, blijven de kinderen bij hun moeders, maar zij sterven als vliegen; van een onderwijs dat die naam waardig is, is natuurlijk geen sprake. Zelfs in de burgerlijke maatschappij probeert een bewuste en progressieve moeder een deel van haar opvoedingstaken aan de maatschappij over te laten: zij stuurt haar kind naar de kleuterschool, naar school, op zomerkamp. Een bewuste moeder begrijpt natuurlijk dat sociale opvoeding het kind iets kan geven dat niet door moederliefde alleen kan worden vervangen.

In de burgerlijke maatschappij hechten de gegoede klassen veel waarde aan de opvoeding van hun kinderen, die zij toevertrouwen aan verpleegsters, kinderbegeleidsters, dokters en gespecialiseerde pedagogen. De loontrekkenden vervingen de moeder bij de lichamelijke verzorging en de morele opvoeding van de kinderen. In feite behielden deze moeders slechts één natuurlijke en onvermijdelijke verplichting, namelijk hun kinderen ter wereld te brengen.

Natuurlijk neemt de Sovjet-Republiek kinderen niet met geweld bij hun moeders weg, zoals de kapitalistische propaganda beweert om de verschrikkingen van het "bolsjewistische regime" te beschrijven. Maar zij streeft wel naar het scheppen van instellingen waarin niet alleen de kinderen van rijke vrouwen, maar die van alle vrouwen in normale en gezonde omstandigheden kunnen opgroeien. Terwijl de vrouwen van kapitalisten de zorg voor hun kinderen afschuiven op ingehuurde krachten, wil de Sovjetrepubliek ervoor zorgen dat iedere moeder, arbeidster of boerin, met een gerust hart naar haar werk kan gaan, wetende dat haar kinderen in goede handen zijn in de crèche, de kleuterschool of de kinderopvang. Deze sociale instellingen, die openstaan voor alle kinderen onder de zestien jaar, zijn de noodzakelijke voorwaarden voor de komst van de nieuwe mens. In deze omgeving zorgen pedagogen en artsen voor de kinderen, vaak bijgestaan door de moeders zelf (met een verplichte moederplicht in de crèches). Van jongs af aan ontwikkelden kinderen die werden opgevoed in crèches en kleuterscholen de karakters en gewoonten die nodig zijn voor de komst van het communisme. Kinderen die in deze instellingen opgroeien, zullen veel beter in staat zijn om in een arbeidersgemeenschap te leven dan kinderen die hun hele jeugd binnen de nauwe grenzen van het gezin hebben doorgebracht.

Kijk naar de kinderen die vanaf de eerste jaren van de revolutie in crèches en kinderopvang werden geplaatst. Dit zijn kinderen die hebben geprofiteerd van het liefdevolle en zorgzame onderwijs van hun eigen klas. Deze kinderen hebben een groepsgedrag verworven. Ze denken en handelen op een collectivistische manier. Een typisch tafereel in de kinderopvang: een nieuwkomer weigert deel te nemen aan de activiteiten van de groep. De andere kinderen verzamelen zich rond de "nieuwkomer" en proberen hem of haar te overtuigen. De sfeer is bijzonder onrustig. "Kan je echt niet helpen schoonmaken en opruimen als 'onze groep' dienst heeft? Kan je niet gaan wandelen, als heel 'onze groep' dat heeft besloten? Moet je echt al dat lawaai maken als 'onze groep' aan het rusten is?" Onder kinderen bestaat er geen gevoel van eigendom: "In ons huis bestaat niet zoiets als jouw en mijn, alles is van iedereen," legt een vierjarig jongetje ernstig uit aan een meisje van dezelfde leeftijd. Een andere fundamentele leefregel van deze kinderen is het beschermen van de voorwerpen die tot de groep behoren, en zij staan klaar om in te grijpen zodra één van hen 'onze' eigendom, de eigendom van de kinderopvang, vernielt.

Maar we komen nog eens terug op de rol van de moeders. De Sovjetrepubliek richtte kraamklinieken op overal waar dat nodig was, en wel om de gezondheid van vrouwen als moeders van toekomstige generaties te beschermen. In 1921 waren er honderdvijfendertig kraamklinieken waar alleenstaande moeders hun toevlucht konden zoeken in de moeilijkste tijd van hun leven. Maar deze tehuizen staan ook open voor gehuwde vrouwen die er tijdens de laatste maanden van hun zwangerschap en de eerste maanden van het leven van hun kind kunnen ontsnappen aan het gezinsleven en de talloze zorgen die dit met zich meebrengt. In de eerste en belangrijkste weken na de bevalling kan de moeder zich uitsluitend concentreren op de verzorging van haar kind en zelf rusten. Later telt de voortdurende aanwezigheid van de moeder bij haar kind veel minder. Maar het schijnt dat er in de eerste weken na de geboorte nog een soort extreem sterke fysiologische band tussen moeder en kind bestaat en dat het schadelijk zou zijn hen te scheiden.

Deze kraamklinieken zijn erg in trek bij alleenstaande en zelfs gehuwde vrouwen, eenvoudigweg omdat ze er goed verzorgd worden en de rust krijgen die ze nodig hebben. Het is dus niet nodig om bij vrouwen propaganda te maken voor de kraamklinieken. Onze materiële armoede en de huidige chaos in Rusland maken het helaas niet mogelijk om meer van dit soort huizen te bouwen en de hele arbeidersrepubliek te bedekken met deze echte "eerste hulpposten" voor werkende vrouwen. Op het platteland zijn er geen kraamklinieken. Over het algemeen zijn de boerinnen nog steeds buitengesloten, er is nog bijna niets voor hen georganiseerd, met uitzondering van de zomerkleuterscholen. Dankzij deze laatste voorzieningen konden de boerinnen deelnemen aan het werk op het veld, zonder dat de kinderen er last van hadden. In 1921 waren er 689 zomerkleuterscholen voor 32.180 kinderen.

In de steden zijn er crèches en kleuterscholen voor bedrijven en overheidsdiensten en crèches en kleuterscholen in de wijken voor arbeidsters. Het behoeft geen betoog dat deze instellingen een aanzienlijke verlichting betekenen voor werkende vrouwen. Onze grootste zorg is dat we er niet genoeg van hebben. Op dit moment kunnen we nauwelijks 10% van de werkelijke behoeften dekken. Om moeders daadwerkelijk te verlossen van de overweldigende zorgen van het moederschap, zou het sociaal-educatieve netwerk meer crèches en kleuterscholen moeten omvatten, kleuterscholen voor kinderen van drie tot zeven jaar; en, voor andere schoolgaande kinderen, kinderclubs, jeugdcentra en vakantiekampen. In deze instellingen krijgen de kinderen gratis te eten. Kameraad Vera Veletsjkina was een bijzonder energieke pionier op dit gebied en stierf op haar post. Door haar werk tijdens de zware jaren van de burgeroorlog heeft zij ons enorm geholpen door vele arbeiderskinderen van de hongerdood te redden. Deze kinderen kregen extra melkrantsoenen en, voor de meest behoeftigen, kleding en schoenen.

Maar deze sociale instellingen zijn nog ontoereikend, en wij zijn er tot dusver slechts in geslaagd een klein deel van de bevolking te bereiken. Toch kan ons niet worden verweten dat wij de verkeerde weg zijn ingeslagen, want het is correct om ouders te ontlasten van de zware taak kinderen op te voeden. Onze voornaamste tekortkoming is veeleer onze grote armoede, die ons niet in staat stelt het programma van de regering van de Sovjets volledig uit te voeren. Voorlopig zijn onze pogingen bescheiden geweest. Toch hebben deze reeds succes gehad, want ze hebben een omwenteling teweeggebracht in het gezinsleven en een radicale verandering teweeggebracht in de verhoudingen tussen de seksen.

De Sovjetrepubliek moet ervoor zorgen dat de arbeidskracht van vrouwen niet opgaat aan onproductief werk, zoals huishouden en kinderverzorging, maar verstandig wordt aangewend voor de productie van nieuwe maatschappelijke rijkdom. Bovendien moet de samenleving de belangen en de gezondheid van moeders en kinderen beschermen, om vrouwen in staat te stellen moederschap en beroepsleven te combineren. De Sovjetregering tracht ook veilige toevluchtsoorden te bieden aan vrouwen die van hun echtgenoot willen scheiden en niet weten waar zij met hun kinderen heen moeten. Het waren niet de filantropen met hun vernederende liefdadigheid, maar de arbeidersstaat die vrouwen in moeilijkheden en hun kinderen moest helpen. Het zijn de kameraden van haar eigen klasse die werken aan de opbouw van het socialisme, de arbeiders en boeren, die zich moeten inspannen om de vrouw te bevrijden van de last van het moederschap. Want de vrouw die op voet van gelijkheid met de man werkt aan het herstel van de economie en die heeft deelgenomen aan de burgeroorlog, heeft het recht te eisen dat de gemeenschap voor haar zorgt wanneer zij een toekomstig lid van de samenleving baart.

In de huidige overgangsperiode bevinden vrouwen zich in een bijzonder moeilijke situatie, aangezien er in Sovjet-Rusland nog maar 524 kraamklinieken zijn. Deze sociale instellingen zijn duidelijk ontoereikend. Daarom moeten de partij en de regering van de Sovjets meer aandacht besteden aan het probleem van het moederschap en aan de middelen om het op te lossen. De praktische oplossing ervan zal niet alleen vrouwen ten goede komen, maar ook onze gehele productie en de gehele nationale economie.

Aan het einde van deze lezing moeten we nog enkele woorden wijden aan een kwestie die nauw verband houdt met het probleem van het moederschap, namelijk de houding van de Sovjetrepubliek ten opzichte van abortus. Bij de wet van 18 november 1920 werd de onderbreking van de zwangerschap gelegaliseerd. Natuurlijk hebben we in Rusland meer te lijden van een tekort aan arbeidskrachten dan van een overvloed. Ons land is niet overbevolkt, maar onderbevolkt, en in ons land is de arbeidskracht schaars. Hoe kunnen we dan abortus legaliseren onder dergelijke omstandigheden? Omdat de arbeidersklasse niet houdt van een politiek van leugens en hypocrisie. Zolang de levensomstandigheden precair blijven, zullen vrouwen abortussen blijven plegen. (We laten de vrouwen van de kapitalistische klasse buiten beschouwing, die over het algemeen andere redenen hebben voor abortus: om niet te delen in de erfenis, uit angst voor het lijden van het moederschap, om hun figuur niet te bederven, uit onvermogen om een leven van genot op te geven).

Abortus bestaat in alle landen en geen enkele wet is er tot nu toe in geslaagd abortus uit te roeien. Vrouwen vinden altijd wel een uitweg, maar onderduiken gaat ten koste van hun gezondheid, brengt hen althans voor enige tijd ten laste van de staat en vermindert uiteindelijk het aanbod van arbeidskrachten. Een abortus die onder normale omstandigheden door een chirurg wordt uitgevoerd, is veel minder gevaarlijk voor de vrouw en zij kan ook veel sneller haar productie hervatten. De Sovjetregering is zich ervan bewust dat abortus pas zal verdwijnen wanneer Rusland een uitgebreid netwerk heeft van instellingen voor welzijn van moeders en sociale voorlichting. Ze is zich er ook van bewust dat het moederschap een sociale plicht is. Daarom hebben we de praktijk van abortus gelegaliseerd, die nu in ziekenhuizen en onder hygiënische omstandigheden plaatsvindt.

Een andere taak van de arbeidersrepubliek is het versterken van het moederinstinct bij de vrouw - enerzijds door instellingen voor de bescherming van het moederschap op te richten en anderzijds door het moederschap verenigbaar te maken met werk voor de gemeenschap - en zo de noodzaak van abortus weg te nemen. Dit is de manier waarop wij de oplossing van dit probleem, waarmee de vrouwen in de kapitalistische staten nog steeds in al zijn dimensies worden geconfronteerd, hebben benaderd.

De vrouwen van de kapitalistische staten strijden hard tegen de dubbele uitbuiting die hun lot is in deze verschrikkelijke na-oorlogse periode: loonarbeid in dienst van het kapitaal en moederschap. In de arbeidersstaat daarentegen hebben arbeidsters en boerinnen de oude levenswijzen die vrouwen tot slaven hadden gemaakt, afgeschaft. Vrouwen hebben door hun deelname aan de Communistische Partij meegewerkt aan het leggen van de grondslagen van een geheel nieuw leven. Maar deze vraag kan pas definitief worden beantwoord wanneer het werk van vrouwen volledig in onze nationale economie is geïntegreerd. In de burgerlijke maatschappij daarentegen, waar de huishoudelijke economie binnen de nauwe grenzen van het gezin het kapitalistische economische systeem aanvult, hebben vrouwen geen schijn van kans.

De bevrijding van de vrouw kan alleen worden bereikt door een radicale verandering van het dagelijks leven. En het dagelijks leven zelf zal alleen veranderen door een grondige wijziging van de gehele productie, op basis van de communistische economie. We zijn vandaag getuige van deze omwenteling in het dagelijks leven, en daarom is de praktische bevrijding van de vrouw nu een integraal deel van ons leven.

VAN HET OUDE GEZIN NAAR HET NIEUWE

DOOR LEON TROTSKI (1923)

De verwezenlijkingen van de Russische Revolutie worden vandaag vaak onder de mat geveegd. De herinnering aan wat de Sovjet-Unie was, wordt beperkt tot de grijze en afgrijselijke dictatuur van het stalinisme. Er wordt bewust niet ingegaan op de sociale verworvenheden die in de eerste jaren na de revolutie werden afgedwongen. Op een ogenblik dat conservatieven wereldwijd opkomen voor ouderwetse waarden en in Rusland geweld binnen het gezin zelfs gedecriminaliseerd wordt, is het nuttig om te kijken hoe de prille Sovjet-staat honderd jaar geleden het gezinsleven door elkaar schudde. Trotski schreef in 1923 een artikel hierover dat voor deze uitgave is vertaald.

De innerlijke verhoudingen en ontwikkelingen binnen het gezin zijn door hun aard erg moeilijk te onderzoeken en het minst onderworpen aan statistische gegevens. Het is dan ook niet gemakkelijk om te zeggen in welke mate gezinsverhoudingen vandaag gemakkelijker aangegaan en verbroken worden (in het eigenlijke leven, niet louter op papier) dan vroeger. Om te oordelen, zijn we in grote mate aangewezen op het gezicht. Het verschil tussen de prerevolutionaire periode en vandaag is bovendien dat alle problemen en dramatische conflicten in arbeidersgezinnen voorheen quasi niet opgemerkt werden door de arbeiders zelf, terwijl nu een groot aantal verantwoordelijke posities ingenomen is door arbeiders. Dit maakt dat hun leven meer in het voetlicht staat en elke tragedie in hun gezin leidt tot commentaar en soms tot geroddel.

Ook als we rekening houden met deze beperkingen, kan echter niet ontkend worden dat de gezinsverhoudingen, ook die van de arbeidersklasse, compleet veranderd zijn.

Dit werd op de conferentie van de partijpropagandisten in Moskou als een vaststaand feit aangenomen dat niet betwist werd. Alleen was iedereen er op een andere manier van overtuigd. Sommigen hadden ernstige bedenkingen, anderen waren terughoudend en nog anderen stonden perplex. Maar het was voor iedereen duidelijk dat er grote veranderingen plaatsvinden. Dit gebeurt op chaotische wijze, anderen menen op weerzinwekkende of tragische wijze, waarbij de verborgen mogelijkheden van het ontstaan van een nieuwe en hogere orde van het gezinsleven nog niet tot uiting gekomen zijn.

Er verscheen een beetje informatie over de desintegratie van het gezin in de media, maar slechts onregelmatig en in erg vage en algemene termen. In een artikel hierover las ik dat de desintegratie van het arbeidersgezin werd voorgesteld als een geval van *"burgerlijke invloed op de arbeidersklasse."*

Zo eenvoudig is het niet. De oorsprong van de kwestie moet dieper gezocht worden en is veel complexer. De invloed van het burgerlijke verleden en het burgerlijke heden speelt zeker mee, maar het belangrijkste proces bestaat uit de moeilijke evolutie van het arbeidersgezin zelf, een evolutie die leidt tot een crisis waarvan we nu de eerste chaotische fasen zien.

De bijzonder destructieve invloed van de oorlog op het gezin is alom bekend. De oorlog zorgde er eerst en vooral voor dat het gezin automatisch werd ontbonden door mensen voor een lange tijd van elkaar te scheiden of door het toeval bijeen te brengen. Deze invloed van de oorlog werd verdergezet en versterkt door de revolutie. De oorlogsjaren doorbraken alles wat slechts overeind bleef door de inertie van historische traditie. Het brak de macht van de tsaren, de klassenprivileges en het oude traditionele gezin. De revolutie begon te bouwen aan een nieuwe staat en bereikte daarmee slechts de meest eenvoudige en dringende onmiddellijke doelstellingen.

Het economisch onderdeel van dit probleem is veel complexer. De oorlog deed de oude economische orde wankelen, de revolutie wierp deze omver. We bouwen nu aan een nieuw economisch model, waarbij we vooral moeten voortbouwen op de oude elementen die op een nieuwe wijze georganiseerd worden. Op het vlak van economie zijn we slechts recent uit het dal van de vernietigende periode beginnen kruipen. De vooruitgang is nog erg traag en het bereiken van nieuwe socialistische vormen van economisch leven ligt nog ver van ons verwijderd. Maar we zijn wel uit die periode van vernietiging aan het komen. Het dieptepunt werd bereikt in de jaren 1920-21.

De eerste vernietigende periode is nog verre van voorbij in het gezinsleven. Het proces van desintegratie is nog volop aan de gang. We moeten daar rekening mee houden. Het gezinsleven en het huishouden gaat bij wijze van spreken nog door de periode 1920-21 en komt nog niet aan de standaard van 1923. Een huishouden is veel conservatiever dan het economische leven. Een van de redenen daarvoor is dat het veel minder bewust is. Op vlak van politiek en economie treedt de arbeidersklasse als geheel op waarbij de klasse gestuwd wordt door haar voortrekkers van de Communistische Partij om de historische doelstellingen van de arbeidersklasse te realiseren. In het gezinsleven is de arbeidersklasse verdeeld in de kleine cellen die elk een gezin en een familie vormen. De verandering van politiek regime, zelfs de verandering van de economische orde – waarbij de fabrieken in handen van de arbeiders komen – dit alles heeft zeker een invloed op het gezin, maar slechts indirect en van buitenaf zonder te raken aan de gezinstradities die uit het verleden geërfd werden.

Een radicale hervorming van het gezin en meer algemeen van het volledige huishouden vereist een grootschalige bewuste inspanning door de werkende massa's en het veronderstelt het bestaan van een krachtige innerlijke drang naar cultuur en vooruitgang binnen de klasse zelf. Er is een stevige ploeg nodig om harde klonters aarde overhoop te halen. Het vestigen van een politieke gelijkheid van mannen en vrouwen in de Sovjet-staat was één probleem, het was het gemakkelijkste. Het is echter veel moeilijker om de volgende stap te nemen: het vestigen van industriële gelijkheid tussen mannen en vrouwen in de fabrieken en de vakbonden, waarbij deze gelijkheid niet mag betekenen dat vrouwen er nadelen bijkrijgen. Om vervolgens effectief gelijkheid van man en vrouw binnen het gezin te krijgen, dat is een nog oneindig veel moeilijker probleem. Alle huishoudelijke gewoonten moeten betwist worden vooraleer dit mogelijk wordt. Het is vanzelfsprekend dat we niet ernstig over gelijkheid in werk of politiek kunnen spreken zolang er geen effectieve gelijkheid van man en vrouw is in het gezin. Zo lang de vrouw gebonden is aan haar huishoudelijk werk, de zorg voor het gezin, het koken en het wassen, ... zijn haar kansen op deelname aan het sociale en politieke leven bijzonder beperkt.

Het gemakkelijkste probleem was dat van de machtsovername. Maar toch eiste dat probleem al onze krachten op in de eerste periode van de revolutie. Het vroeg eindeloze opofferingen. De burgeroorlog vereiste maatregelen die bijzonder hard waren. Vulgaire filistijnen schreeuwden over de opmars van barbaarse normen, over de arbeidersklasse die bloedig en verdorven was geworden. Wat er echt gebeurde, was dat de arbeidersklasse met de middelen van het revolutionair geweld die ze noodgedwongen in handen kreeg, begon te vechten voor een nieuwe cultuur, voor oprecht menselijke waarden.

In de eerste vier of vijf jaar gingen we economisch door een periode van vreselijke ineenstorting. De arbeidsproductiviteit viel zwaar terug, de productie was van een afschuwelijk slechte kwaliteit. Vijanden zagen, of kozen ervoor om dit te zien, hierin een teken van de rotheid van het Sovjet-bewind. In werkelijkheid was het een onvermijdelijke fase in de vernietiging van de oude economische vormen en waren het eerste hulpeloze pogingen om nieuwe vormen te creëren.

Met betrekking tot gezinsverhoudingen en het individuele leven in het algemeen, moeten we onvermijdelijk ook door een periode van desintegratie van wat er was, van de tradities die uit het verleden geërfd zijn en waar niet over nagedacht was. Maar op het vlak van het huishoudelijk leven begon de periode van kritiek en afbraak later, duurt het erg lang en neemt het pijnlijke vormen aan die erg complex zijn en niet altijd zichtbaar voor wie zich beperkt tot vage observaties. De progressieve stappen in verandering op vlak van de staat, de economie en het leven in het algemeen moeten erg duidelijk omschreven worden om te vermijden dat we panikeren omwille van de fenomenen die we waarnemen. We moeten leren om deze te beoordelen in hun juiste context, hun juiste plaats in de ontwikkeling van de arbeidersklasse te zien en bewust de nieuwe omstandigheden in de richting van socialistische levenswijzen leiden.

Deze waarschuwing is noodzakelijk, we horen immers al alarmerende stemmen. Op de conferentie van de Moskouse partijpropagandisten spraken sommige kameraden met een grote en natuurlijke angst over het gemak waarmee de oude gezinsbanden verbroken worden om nieuwe banden aan te gaan die even vluchtig zijn als de oude. De slachtoffers in al deze gevallen zijn de moeder en de kinderen. Wie heeft anderzijds in private gesprekken nog geen klachten gehoord over de 'ineenstorting' van de moraal onder de jongeren, in het bijzonder onder de Jonge Communisten? Niet alles van deze verwijten is overdreven, er zit een element van waarheid in. We moeten en zullen de donkere kanten van deze waarheid zeker bestrijden – dit is een strijd voor een hogere cultuur en een opleving van de menselijke persoonlijkheid. Maar om dit te kunnen doen, moeten we de basis van het probleem aanpakken zonder in reactionair gemoraliseerd of sentimentele neerbuigendheid te vervallen. We moeten eerst de feiten bekijken om duidelijker te zien wat er eigenlijk gebeurt.

Zoals we hierboven reeds aanhaalden, hebben de enorme gebeurtenissen van de oorlog en de revolutie de afgelopen jaren gevolgen voor het gezin en de oude vormen. Hierna kwam de langzaam sluipende ondergrondse mol van het kritische denken, de bewuste studie en de evaluatie van de gezinsverhoudingen en levensvormen. Het waren de mechanische kracht van grote gebeurtenissen samen met de kritische kracht van een bewust geworden geest, die samen leidden tot de destructieve periode in de gezinsverhoudingen die we nu kennen. De Russische arbeider moet na de machtsovername op heel wat vlakken van zijn leven de eerste bewuste stappen in de richting van cultuur zetten. Onder impuls van grote schokken, heeft zijn persoonlijkheid voor het eerst traditionele levensvormen, huishoudelijke gewoonten, kerkelijke praktijken en relaties door elkaar geschud.

Het is niet verwonderlijk dat het protest van het individu, zijn revolte tegen het traditionele verleden, aanvankelijk anarchistische, of brutaler gezegd losbandige, vormen aanneemt. We zagen dit op vlak van politiek, militaire aangelegenheden, economie. Daar nam het anarchiserende individualisme alle vormen van extremisme, partijdigheid en retoriek aan. Het is niet verwonderlijk dat dit proces ook plaatsvindt in de meest intieme, en bijgevolg ook op de meest pijnlijke wijze, gezinsverhoudingen. De ontwaakte persoonlijkheid wil zich op een nieuwe wijze organiseren, de oude platgetreden paden verlaten en daartoe zoekt het zijn toevlucht tot "losbandigheid", "verdorvenheid" en alle andere zonden die op de conferentie in Moskou werden aangeklaagd.

De echtgenoot die uit zijn gewoonlijke omgeving werd getrokken door de militaire mobilisatie veranderde in een revolutionaire burger. Dat is een monumentale verandering. Zijn kijk werd breder, zijn geestelijke aspiraties hoger en van een complexere aard. Hij is een andere man. Bij zijn terugkeer komt hij op een plaats waar er praktisch niets veranderd is. De oude harmonie met de mensen thuis en in het gezin is echter verdwenen. Er is nog geen nieuw begrip. De wederzijdse verwondering verandert in wederzijds ongenoegen en dan in slechte wil. Het gezin is gebroken.

De man is een communist. Hij heeft een actief leven, is betrokken bij sociale activiteiten, zijn geest wordt groter, zijn persoonlijk leven wordt opgeslorpt door zijn werk. Maar zijn vrouw is ook een communist. Ze wil deelnemen aan sociale activiteiten, publieke meetings, werken in de sovjet of in de vakbond. Het leven in huis verdwijnt voor ze er zich van bewust zijn of het gemis aan huiselijke sfeer leidt tot aanhoudende botsingen. Man en vrouw zijn het niet eens. Het gezin is gebroken.

Een oud gezin. Tien tot vijftien jaar samengeleefd. De man is een goede werker en doet alles voor zijn gezin, de vrouw leeft ook voor haar gezin en besteedt er alle energie aan. Door toeval komt ze in contact met een communistische vrouwenorganisatie. Er opent zich een nieuwe wereld voor haar. Haar energie vindt een nieuw en breder doel. Het gezin wordt verwaarloosd. De man raakt geïrriteerd. De vrouw wordt gekwetst in haar nieuw gevonden sociaal bewustzijn. Het gezin is gebroken.

Voorbeelden van dergelijke tragedies die allen leiden tot het opbreken van het gezin zijn er legio. We hebben enkel de meest typische voorbeelden aangehaald. In al deze voorbeelden komt de tragedie voort uit een botsing tussen communistische en andere elementen. Maar het opbreken van het gezin, het is te zeggen: van het oude gezin, is niet beperkt tot de toplaag van de klasse die het meest blootgesteld is aan de gevolgen van de nieuwe omstandigheden. De tendens tot desintegratie van gezinsverhoudingen gaat dieper in de hele samenleving. De voortrekkers gaan enkel sneller en uitdrukkelijker door wat onvermijdelijk is voor de volledige klasse. Het vitten op de oude omstandigheden en de nieuwe taken voor het gezin beperken zich niet tot de grens tussen de communistische voortrekkers en de arbeidersklasse in het algemeen.

Het instituut van het burgerlijke huwelijk diende op zich al een zware sloeg toe aan het traditionele gezin dat voor een groot deel gericht was op uiterlijk vertoon. Hoe minder persoonlijke gehechtheid er was in de oude huwelijksbanden, hoe sterker externe krachten, sociale tradities en in het bijzonder religieuze rituelen gingen spelen. De slag die de macht van de kerk kreeg, was ook een slag voor het traditionele gezin. Rituelen die ontdaan waren van een verbindend karakter en van erkenning door de overheid, blijven in gebruik door inertie en als strohalm van het oude gezin. Maar er is geen innerlijke band binnen het gezin indien dit enkel door inertie wordt verbonden. Elke duw van buitenaf kan dit gezin doen breken, en tegelijk brengt het ook de trouw aan kerkelijke rituelen een slag toe. Meer dan ooit tevoren zal er nu van buitenaf geduwd worden. Dat is de reden waarom het gezin wankelt en er niet in slaagt om terug overeind te kruipen. Het leven wordt beoordeeld op basis van zijn omstandigheden en dit gebeurt met een wrede en pijnlijke veroordeling van het gezin. De geschiedenis maait het oude hout en de spaanders vliegen in het rond.

Maar is er dan de ontwikkeling van elementen van een nieuwe gezinsvorm? Ongetwijfeld. We moeten enkel het karakter van deze elementen en de processen in hun ontwikkeling begrijpen. Zoals bij andere zaken moeten we een onderscheid maken tussen de fysieke en de psychologische omstandigheden, tussen het algemene en het individuele. Psychologisch betekent de evolutie van het nieuwe gezin, of van nieuwe menselijke relaties in het algemeen, voor ons een culturele vooruitgang van de werkende klasse, de ontwikkeling van het individu, een hogere norm voor zijn behoeften en innerlijke discipline. Vanuit dit aspect vormt de revolutie op zich een grote stap vooruit. De ergste elementen van het desintegrerende gezin zijn slechts een uitdrukking, weliswaar een pijnlijke, van het ontwaken van de klassen en van het individu binnen de klasse. Al ons werk in verband met cultuur, het werk dat we doen en zouden moeten doen, wordt vanuit dit oogpunt een voorbereiding op nieuwe verhoudingen en een nieuw gezin. Zonder een hogere norm van cultuur voor de werkende man en vrouw, kan er geen nieuwe en hogere vorm van gezin zijn. Op dit vlak kan er immers enkel sprake zijn van innerlijke discipline en niet van externe dwang. De kracht van de innerlijke discipline van het individu in het gezin wordt bepaald door de teneur van het innerlijke leven, de omvang en waarde van de banden die man en vrouw verenigen.

De fysieke voorbereidingen op de voorwaarden van een nieuw leven en een nieuw gezin kunnen, eens te meer, niet los gezien worden van het algemene werk van socialistische opbouw. De arbeidersstaat moet rijker worden om de kwestie van publiek onderwijs voor de kinderen aan te pakken en om het gezin te bevrijden van de lasten van koken en wassen. Het socialiseren van huishoudelijk werk en publiek onderwijs voor kinderen zijn ondenkbaar zonder een significante verbetering van de economie in het algemeen. We hebben meer socialistische economische vormen nodig. Enkel onder die omstandigheden kunnen we het gezin bevrijden van de functies en zorgen die het nu onderdrukken en tot desintegratie leiden. Het wassen moet in een publiek wassalon kunnen gebeuren, koken moet in een publiek restaurant kunnen, naaien in een publieke werkplaats. Kinderen moeten goede publieke leraars hebben die een echte roeping hebben voor dit werk. Dan kan de band tussen man en vrouw bevrijd worden van alle externe en toevallige druk en dan zou de ene persoon niet langer het leven van de andere absorberen. Echte gelijkheid zou eindelijk mogelijk zijn. De band tussen twee personen zou afhangen van wederzijdse affectie. En op die specifieke basis kan het innerlijke stabiliteit verkrijgen, niet dezelfde stabiliteit voor iedereen en zonder dwang voor gelijk wie.

De weg naar een nieuw gezin is dan ook tweevoudig: (a) het versterken van de culturele normen en het onderwijs van de werkende klasse en de individuen die deze klasse vormen; (b) een verbetering van de materiële omstandigheden van de klasse georganiseerd door de staat. Beide processen zijn nauw met elkaar verbonden.

Dit alles betekent uiteraard niet dat het gezin van de toekomst op een bepaald ogenblik, als het materieel beter gaat, zomaar tot stand zal komen. Dat is niet het geval. Een zekere vooruitgang naar een nieuw gezin is ook nu al mogelijk. Het klopt dat de overheid nog niet in staat is om het onderwijs van de kinderen volledig te voorzien of om publieke keukens te creëren die beter zijn dan de gezinskeukens, of om publieke wasserijen te vestigen waar de kleren niet uiteengerafeld of gestolen worden. Maar dit betekent niet dat de meer ondernemende en progressieve gezinnen zelf geen collectieve huishoudeneenheden kunnen vormen. We moeten voorzichtig zijn met dergelijke experimenten, de technische uitwerking ervan moet aan de belangen en behoeften van de groep voldoen en het moet voordelig zijn voor alle leden van de groep, zelfs indien deze voordelen aanvankelijk erg bescheiden zijn.

"Deze taak," schreef kameraad Semashko recent in een artikel over de noodzaak van de heropbouw van het gezinsleven, *"wordt het best in de praktijk uitgevoerd. Decreten en gemoraliseer zullen weinig effect ressorteren. Maar een voorbeeld, een illustratie van de nieuwe vorm, zal meer doen dan duizend uitstekende pamfletten. Deze praktische propaganda wordt het best uitgevoerd met de methode die chirurgen transplantatie noemen. Als een groot deel van de huid verdwenen is door een wonde of door brand en er geen hoop is dat de huid vanzelf terug zal aangroeien over deze plek, dan kunnen stukjes huid van gezonde delen van het lichaam gebruikt worden op de verschroeide plek. Deze stukjes huid zullen aan elkaar groeien waardoor op termijn de huid terug volledig is. Hetzelfde gebeurt met praktische propaganda. Als een fabriek of werkplaats communistische vormen aanneemt, zullen andere volgen."* (N Semashko, Izvestia 81, 14 april 1923)

De ervaring van zo'n collectieve huishoudens vormt een eerste, nog erg onvolledige benadering van een communistische levenswijze. We moeten deze aandachtig bestuderen en opvolgen. De combinatie van persoonlijke initiatieven met steun van de overheid – in het bijzonder door de lokale sovjets en economische instellingen – moet voorrang krijgen. De bouw van nieuwe huizen – en we zullen huizen moeten bouwen! – moet afgestemd worden op de noden van dergelijke groepen gezinnen. De eerste onbetwistbare successen in deze richting, hoe beperkt ze ook zijn, zullen onvermijdelijk navolging krijgen van gezinnen die hun leven op een gelijkaardige wijze wensen te organiseren. Voor een uitgewerkt schema waarvan het initiatief van bovenaf komt, is de tijd nog niet rijp, zowel vanuit het standpunt van materiële middelen van de overheid als de voorbereiding van de arbeidersklasse zelf. We kunnen de impasse nu enkel doorbreken door modelgemeenschappen te creëren. De grond onder onze voeten moet stap per stap versterkt worden; we mogen niet te ver voorop lopen of vervallen in bureaucratische experimenten. Op een bepaald ogenblik zal de overheid in staat zijn om met de hulp van lokale sovjets, coöperatieve eenheden, ... het werk te socialiseren en op deze manier het menselijke gezinsleven te verbreden en te verdiepen zodat het, in de woorden van Friedrich Engels, *"van het domein van de noodzaak overgaat naar het domein van de vrijheid."*

GEZINSVERHOUDINGEN ONDER DE SOVJETS

VEERTIEN VRAGEN BEANTWOORD DOOR LEON TROTSKI (1932)

Trotski beantwoordde een reeks vragen die hem toegestuurd werden. Zijn antwoorden verschenen in 1934 in het orgaan van de Communist League of Struggle, onderdeel van de Internationale Linkse Oppositie. Dit is de eerste vertaling in het Nederlands.

1/ "MAAKT DE SOVJET STAAT ROBOTS VAN MENSEN?"

Waarom? Zo vraag ik me af. De ideologen van het patriarchale systeem, zoals Tolstoj of Ruskin, werpen op dat de machinale beschaving de vrije boer en ambachtsman omvormt tot vreugdeloze automaten. De afgelopen decennia werd deze beschuldiging het vaakst gebruikt tegen het Amerikaanse industriële stelsel (Taylorisme, Fordisme).

Zullen we uit Chicago en Detroit protest horen tegen de machines die de ziel vernietigen? Waarom niet terugkeren naar stenen gereedschap en paalwoningen, waarom niet terugkeren naar schapenvachten als kledij? Neen, wij weigeren om dat te doen. Op het vlak van mechanisatie is de Sovjet Republiek tot nu toe slechts een leerling van de VS, maar het is niet de bedoeling om halverwege te stoppen.

Misschien is de vraag niet gericht op de mechanisering, maar wel op specifieke kenmerken van de sociale orde. Worden de mensen in de Sovjet staat robots omdat machines staatsbezit en geen privaat bezit zijn? Het volstaat om de vraag duidelijker te stellen om aan te tonen dat er geen grond van waarheid in zit.

Er blijft tenslotte de kwestie van het politieke regime, de harde dictatuur, de spanningen tussen alle krachten, de lage levensstandaard van de bevolking. Het heeft geen zin om die elementen te ontkennen. Maar ze zijn niet zozeer een uitdrukking van het nieuwe regime dan wel de erfenis van het achtergebleven verleden.

De heerschappij zal zachter en milder moeten worden naarmate de economische positie van het land vooruit gaat. De huidige methode van het commanderen van mensen zal plaats moeten maken voor een methode van controle over dingen. De weg leidt niet naar een robot maar naar een mens op een hoger niveau.

2/ "WORDT DE SOVJET STAAT HELEMAAL GEDOMINEERD DOOR EEN KLEINE GROEP IN HET KREMLIN MET OLIGARCHISCHE MACHTEN ONDER HET MOM VAN EEN HEERSCHAPPIJ VAN DE WERKENDEN?"

Neen, dat is niet het geval. Dezelfde klasse kan op basis van verschillende politieke systemen en methoden heersen naargelang de omstandigheden. De burgerij kon haar bewind verderzetten onder de absolute monarchie, het bonapartisme, de parlementaire republiek en de fascistische dictatuur. Al deze vormen van heerschappij behielden een kapitalistisch karakter waarbij de voornaamste bronnen van rijkdom, de administratie en de productiemiddelen, de scholen, de media, ... allemaal in handen van de burgerij blijven en waarbij de wetten, voor zover die bestaan, in de eerste plaats het burgerlijke bezit beschermen.

Het Sovjet regime betekent de heerschappij van de arbeidersklasse, los van de vraag hoe breed het stratum is van diegenen in wiens handen de macht momenteel geconcentreerd is.

3/ "HEBBEN DE SOVJETS DE KINDEREN HUN SPELVREUGDE ONTNOMEN OM HET ONDERWIJS OM TE VORMEN TOT BOLSJEWISTISCHE PROPAGANDA?"

Elk onderwijsstelsel waar dan ook ter wereld heeft steeds een band met propaganda gekend. De propaganda begint met het bijbrengen van de voordelen van een zakdoek over de handen, en gaat door tot de voordelen van het Republikeinse platform boven het Democratische of vice versa. Onderwijs vanuit een religieus oogpunt is propaganda, je kan niet ontkennen dat Paulus een van de grootste propagandisten was.

Het aardsere onderwijsstelsel dat uit de Franse Republiek voortkwam is tot op het merg doordrongen met propaganda. Het centrale idee is dat alle deugden inherent zijn aan de Franse natie, of meer precies aan de heersende klasse van de Franse natie.

Niemand kan ontkennen dat het onderwijs van de Sovjet kinderen eveneens propaganda is. Het enige verschil is dat de kinderen in de burgerlijke landen een injectie van respect voor oude instellingen en ideeën krijgen waarbij deze instellingen en ideeën niet betwist worden. In de Sovjet-Unie gaat het om nieuwe ideeën en dan springt de propaganda in het oog. "Propaganda", in de slechte zin van het woord, is de term die mensen doorgaans geven aan de verspreiding en verdediging van ideeën waar ze niet achterstaan.

In tijden van conservatisme en stabiliteit valt de dagelijkse propaganda niet op. In tijden van revolutie moet propaganda noodzakelijkerwijze een offensiever en agressiever karakter aannemen. Toen ik begin mei 1917 met mijn familie vanuit Canada terugkeerde naar Moskou, studeerden mijn twee zonen aan een 'gymnasium' (een soort middelbare school) waar ook veel kinderen van politici schoolliepen, waaronder kinderen van ministers in de voorlopige regering. In het hele gymnasium waren er maar twee Bolsjewieken, mijn zonen, en een derde sympathisant. Ondanks de officiële stelregel van 'geen politiek op school' werd mijn amper twaalfjarige zoon genadeloos in elkaar geslagen als Bolsjewiek. Nadat ik verkozen werd tot voorzitter van de sovjet van Petrograd, werd mijn zoon enkel nog aangesproken als 'voorzitter' en kreeg hij dubbel zoveel slaag. Dat was propaganda tegen het Bolsjewisme.

Die ouders en leraars die de oude samenleving toegedaan zijn, schreeuwen het uit over 'propaganda.' Als een staat bouwt aan een nieuwe samenleving, kan het dan anders tewerk gaan dan te beginnen met het onderwijs?

"Ontneemt de Sovjet propaganda de kinderen hun vreugde?" Waarom en hoe zou dit gebeuren? Kinderen in de Sovjet-Unie spelen, zingen, dansen en huilen zoals alle andere kinderen. De ongewone aandacht van het Sovjet bewind voor de kinderen wordt zelfs door waarnemers van slechte wil opgemerkt. Vergeleken met het oude regime is de kindersterfte met de helft afgenomen. Het klopt dat de kinderen niets te horen krijgen over de erfzonde en het paradijs. In die zin worden de kinderen misschien de vreugde van het leven na de dood ontnomen. Maar ik ben geen expert in die kwestie en durf geen oordeel te vellen over wat dit verlies betekent. De pijn van dit leven weegt niet op tegen het genot in het leven dat moet komen. Als kinderen de nodige calorieën krijgen, zal de overvloed van hun levende krachten redenen genoeg vinden tot vreugde.

Twee jaar geleden kwam mijn vijfjarige kleinzoon naar me in Moskou. Hij wist helemaal niets af van God, maar ik zie niet meteen bijzonder zondige neigingen in de jongen. Behalve misschien die keer dat hij met behulp van enkele kranten de afvoer van de wasbak hermetisch had afgesloten. Om hem met andere kinderen in Prinkipo in contact te brengen, stuurden we hem naar een kinderopvang geleid door katholieke nonnen. De eerwaarde zusters hebben enkel maar lof voor de moraal van mijn ondertussen bijna zevenjarige atheïst.

Dankzij hetzelfde kleinkind maakte ik het voorbije jaar van nabij kennis met Russische kinderboeken, zowel die van de Sovjets als uit de emigratie. Er zit propaganda in beiden. Maar de Sovjet boeken zijn onvergelijkbaar frisser, actiever en levendiger. De jongen leest en beluistert deze boeken met het grootste plezier. Dus, neen, Sovjet propaganda ontneemt het kind zijn vreugde niet.

4/ "VERNIETIGT HET BOLSJEWISME HET GEZIN BEWUST?"

5/ "IS HET BOLSJEWISME TEGEN ALLE MORELE REGELS OP VLAK VAN SEKSUALITEIT?"

6/ "KLOPT HET DAT BIGAMIE EN POLYGAMIE NIET GESTRAFT WORDEN IN HET SOVJET STELSEL?"

Als je onder 'gezin' een verplichte eenheid verstaat die gebaseerd is op het huwelijkscontract, ingezegend werd door de kerk, eigendomsrechten en een gemeenschappelijk paspoort, dan heeft het Bolsjewisme deze gedwongen vorm van het gezin effectief op zijn kop gezet.

Als je onder 'gezin' verstaat dat de ouders een grenzeloze dominantie over hun kinderen hebben en dat de vrouw geen wettelijke rechten heeft, dan heeft het Bolsjewisme jammer genoeg dit oude gezin nog niet volledig vernietigd en ontdaan van de oude barbarij.

Als je onder 'gezin' een geïdealiseerde monogamie verstaat, niet in de wettelijke maar in de feitelijke zin, dan konden de Bolsjewieken niet vernietigen wat er nooit was, tenzij voor enkele gelukkige uitzonderingen.

Er is absoluut geen basis voor de stelling dat de huwelijkswetgeving in de Sovjet-Unie aanzet tot polygamie en polyandrie. Volledige statistieken van relaties zijn er niet en zijn ook niet mogelijk. Maar zelfs zonder een veelvoud aan cijfers over overspel en mislukte huwelijken, kunnen we ervan uitgaan dat de cijfers in Moskou niet fundamenteel verschillend zijn van die in New York, Londen of Parijs. Wie weet, misschien liggen ze zelfs lager.

Er was een sterke en redelijk succesvolle strijd tegen prostitutie. Dit geeft aan dat de Sovjets niet de intentie hebben om ongebreidelde promiscuïteit toe te laten die vernietigend en giftig tot uitdrukking komt in prostitutie.

Een langdurig en blijvend huwelijk op basis van wederzijdse liefde en samenwerking – dat is de ideale standaard. De invloeden van de school, de literatuur en de publieke opinie in de Sovjet-Unie gaan in die richting. Ontdaan van de ketenen van de politie en de geestelijkheid, nadien ook van de ketenen van de economische noodzaak, zal de band tussen man en vrouw een eigen weg vinden, bepaald door de fysiologie, psychologie en zorg voor het welzijn van de mensheid. Het Sovjet regime heeft daar nog lang geen oplossingen voor, net zoals andere basisproblemen nog niet opgelost zijn. Maar er zijn wel voorwaarden gecreëerd om tot oplossingen te komen. In elk geval is het probleem van het huwelijk niet langer een kwestie van onkritische traditie en de blinde macht van de omstandigheden, het wordt als een kwestie van collectieve rede gezien.

Elk jaar worden er 5,5 miljoen kinderen geboren in de Sovjet-Unie. Het aantal geboortes ligt meer dan drie miljoen eenheden boven het aantal sterftes. Het tsaristische Rusland kende nooit een dergelijke bevolkingsgroep. Dit feit op zich maakt het onmogelijk om te spreken over morele desintegratie van de Russische bevolking.

7/ "KLOPT HET DAT INCEST NIET ALS EEN STRAFRECHTELIJK MISDRIJF WORDT GEZIEN?"

Ik moet toegeven dat deze kwestie mij nooit heeft geïnteresseerd vanuit het standpunt van criminele vervolging, ik kan de vraag niet exact beantwoorden zonder informatie over wat de wetten in de Sovjet-Unie exact zeggen over incest. Maar ik denk dat het enerzijds tot het domein van de pathologie behoort en anderzijds een kwestie van onderwijs is in plaats van criminologie. Incest leidt tot een vermindering van de kwaliteiten en de mogelijkheid om de mensheid verder te zetten. Vanuit dat oogpunt wordt het door de overgrote meerderheid van de gezonde mensen gezien als een inbreuk op de normale standaard.

Het doel van socialisme is niet alleen om rede te brengen in de economische verhoudingen, maar in de mate van het mogelijke ook in de biologische functies van de mens. De Sovjet scholen leveren nu al inspanningen om de kinderen de reële noden van het menselijke lichaam en de menselijke geest bij te brengen. Ik heb geen reden om aan te nemen dat het aantal pathologische gevallen van incest in Rusland hoger ligt dan in andere landen. Tegelijk ben ik geneigd om te denken dat een gerechtelijke tussenkomst in deze meer kwaad dan goed doet. Zou de mensheid er beter voor gestaan hebben indien het Britse gerecht Byron naar de gevangenis had gestuurd?

8/ "KLOPT HET DAT EEN ECHTSCHEIDING MOGELIJK IS NA HET LOUTERE VRAGEN ERVAN?"

Natuurlijk klopt dat. Het zou beter zijn om de vraag anders te formuleren: "Klopt het dat er nog landen zijn waar echtscheiding niet zomaar mogelijk is indien een van beide partners in het huwelijk dit vraagt?"

9/ "IS ER ONDER DE SOVJETS MINDER RESPECT VOOR DE KUISHEID VAN MANNEN EN VROUWEN?"

Ik denk dat niet zozeer het respect maar wel de hypocrisie op dit vlak is afgenomen.

Kan eraan getwijfeld worden dat Ivar Kreuger, de luciferkoning, ooit omschreven werd als een sobere asceet die als onverzoenlijke vijand van de Sovjets meer dan eens wees op het immorele karakter van de Russische jongens en meisjes die niet gezegend werden door de kerk? Als het niet van de financiële crisis was geweest, dan was Kreuger het graf ingegaan als een rechtvaardige man op de beurs en een steunpilaar van de moraliteit. Maar nu brengen de media artikels waaruit blijkt dat het aantal vrouwen dat Kreuger op diverse continenten onderhield meermaals hoger lag dan het aantal schoorstenen in zijn luciferfabrieken.

Franse, Engelse en Amerikaanse boeken beschrijven dubbele en driedubbele gezinnen niet als uitzondering maar als de regel. Een goed geïnformeerde Duitse waarnemer, Klaus Mehnert, publiceerde recent een boek over de jongeren in de Sovjet-Unie. Hij merkt op: *"Het klopt dat de Russische jongeren geen toonbeeld van deugdelijkheid zijn, maar op moraal vlak staan ze zeker niet onder de Duitse jongeren van dezelfde leeftijd."*

Ik denk dat dit effectief zo is. In februari 1917 zag ik op een avond op de metro hoe een twintigtal studenten met hun vriendinnetjes in het stel zaten. Er waren nog andere passagiers op de metro, maar het gedrag van de meest levendige koppels maakte meteen duidelijk dat deze jongeren, zelfs indien ze in principe in monogamie geloofden, vooral door de praktijk hiertoe kwamen.

De afschaffing van de Amerikaanse wetten op de drooglegging zou op geen enkele wijze betekenen dat de nieuwe regering het dronkenschap zou aanmoedigen. In dezelfde zin heeft de Russische afschaffing van een aantal wetten die de kuisheid of de gezinshaard beschermen niets te maken met een poging om het gezin te vernietigen of om promiscuïteit aan te moedigen. Door een verhoging van het materiële en culturele niveau willen we komen tot iets wat niet mogelijk is op basis van formele verboden of levenloze preken.

10/ "IS HET UITEINDELIJKE DOEL VAN HET BOLSJEWISME OM DE FASE VAN DE BIJENKORF EN DE MIERENHOOP IN HET MENSELIJKE LEVEN TE REPRODUCEREN?"

11/ "IN WELKE ZIN VERSCHILT HET IDEAAL VAN HET BOLSJEWISME VAN DE VORM VAN BESCHAVING DIE ZOU BESTAAN HEBBEN INDIEN DE INSECTEN DE CONTROLE HADDEN GEHAD?"

Beide vragen zijn onfair voor zowel de insecten als de mensen. Mieren noch bijen hebben antwoorden voor de monsterlijkheden waar de menselijke geschiedenis zo rijk aan is. Anderzijds, hoe slecht mensen ook mogen zijn, ze hebben mogelijkheden die gelijk welk insect niet heeft. Het zou niet moeilijk zijn om aan te tonen dat de taak van de Sovjets er net in bestaat om de mierenkenmerken van de menselijke samenleving te vernietigen.

Feit is dat zowel bijen als mieren klassen kennen: sommigen werken of vechten, anderen zijn gespecialiseerd in voortplanting. Wie denkt dat een dergelijke specialisatie van sociale functies het ideaal van het Bolsjewisme is? Dit zijn eerder kenmerken van onze huidige samenleving, maar dan helemaal doorgetrokken. Sommige mierensoorten maken slaven van mieren met een andere kleur.

Het Sovjet stelsel lijkt daar niet op. De mieren hebben zelfs nog geen John Brown of Abraham Lincoln voortgebracht.

Benjamin Franklin omschreef de mens als *"een dier dat gereedschap maakt."* Deze opmerkelijke karakterisering is de basis van de marxistische interpretatie van de geschiedenis. Het maken van kunstmatig gereedschap heeft de mens uit het dierenrijk bevrijd en zorgde voor een stimulans van het menselijke intellect. Het heeft geleid tot de verandering van slavernij tot feodalisme, kapitalisme en het Sovjet systeem.

De vraag is natuurlijk geïnspireerd door de stelling dat een universele allesomvattende controle elke individualiteit de kop indruk. Het kwaad van het Sovjet stelsel bestaat vanuit dit standpunt uit een excessieve controle. Tegelijk werd de Sovjet-Unie er in andere vragen net van beschuldigd dat er geen overheidscontrole is op de meest intieme delen van het persoonlijke leven, liefde, gezin en seksuele relaties. De tegenstrijdigheid is wel erg duidelijk.

De Sovjets stellen zich helemaal niet tot doel om de intellectuele en morele krachten van de mens te controleren. Integendeel, door de controle van het economische leven willen ze elke mens individueel bevrijden van de controle door de markt en de blinde krachten van het kapitalistische systeem.

Ford organiseerde de productie van auto's met een lopende band waarbij er een veel grotere output was. De taak van het socialisme is om op het vlak van technische productiviteit de volledige nationale en internationale economie op een gelijkaardige wijze te organiseren op basis van een planning en met de nodige onderdelen. Het principe van de lopende band overgezet naar alle fabrieken en boerderijen zou leiden tot een enorme toename van de productie. De verwezenlijkingen van Ford zouden overkomen als die van een kleine ambachtswinkel in Detroit. Eens de mens de natuur heeft veroverd, zal hij niet langer zijn brood moeten verdienen met zijn zweet en tranen. Dat is een voorwaarde voor de bevrijding van de mens. Zodra drie of vier uur arbeid per dag volstaan om alle materiële noden in te lossen, dan heeft elke man en elke vrouw nog 20 uur over waarop geen enkele vorm van 'controle' heerst. Kwesties van onderwijs, van het perfectioneren van de lichamelijke en geestelijke structuur van de mens zullen dan de aandacht genieten. De filosofische en wetenschappelijke scholen, de elkaar bekampende stromingen in literatuur, architectuur en kunst in het algemeen, zullen dan voor het eerst niet louter van belang zijn voor een toplaag maar voor de volledige samenleving. Ontdaan van de druk van de blinde economische krachten, zal de strijd van groepen, tendensen en scholen dan een idealistisch en onbaatzuchtig karakter aannemen. In deze sfeer zal de menselijke persoonlijkheid niet verwelken, maar net integendeel voor het eerst echt tot bloei komen.

12/ "KLOPT HET DAT IN DE SOVJETS DE KINDEREN GELEERD WORDEN OM HUN OUDERS NIET TE RESPECTEREN?"

Neen. In zo'n algemene vorm is deze vraag een karikatuur. Wat wel klopt, is dat de snelle vooruitgang op vlak van techniek, ideeën of handelingen in het algemeen de autoriteit van de oudere generatie, waaronder die van ouders, doet afnemen. Als professoren onderwijzen over de theorieën van Darwin, dan verliezen de ouders die denken dat de aarde gemaakt is van de rib van Adam uiteraard aan autoriteit.

Alle conflicten stellen zich in de Sovjet-Unie op een onvergelijkbaar scherpere en meer pijnlijke wijze. De verantwoordelijken van de onderwijsinstellingen botsen onvermijdelijk met de autoriteit van ouders die hun zonen en dochters nog willen uithuwelijken. Iemand die in het Rode Leger met een tractor heeft leren rijden en weet hoe deze te gebruiken, zal de technische autoriteit van zijn vader die nog met een houten ploeg werkt niet erkennen.

Om zijn waardigheid te behouden, kan de vader niet louter met zijn hand naar een godenicoon wijzen en deze beweging ondersteunen met een klap in het gezicht. De ouders zoeken naar geestelijke wapens. De kinderen die zich baseren op de officiële autoriteit van de scholen zijn echter beter bewapend. Het gekwetste ego van de ouder richt zich vaak tegen de staat. Dit gebeurt doorgaans in die families die vijandig staan tegenover het nieuwe regime en de fundamentele taken ervan. In de meerderheid van de arbeidersgezinnen leggen de ouders zich neer bij het verlies van een deel van hun ouderlijke macht aangezien de staat ook een deel van hun ouderlijke zorgen overneemt. Er zijn echter ook in deze kringen soms conflicten. Onder de landbouwers zijn de conflicten bijzonder scherp. Is dit goed of slecht? Ik denk dat het goed is. Anders zouden we niet vooruit gaan.

Sta me toe om te wijzen op mijn eigen ervaring. Op 17-jarige leeftijd moest ik van thuis weg. Mijn vader poogde om mijn levensloop vast te leggen. Hij zei me: *"Zelfs binnen driehonderd jaar zullen de zaken die jij wil nog niet mogelijk zijn."* En toen ging het voor mij enkel nog maar om het omverwerpen van de monarchie. Later begreep mijn vader de beperkingen van zijn invloed en werden mijn familiebanden hersteld. Na de Oktoberrevolutie zag hij zijn fout in. *"Jouw waarheid was sterker,"* zei hij. Er waren duizenden dergelijke voorbeelden, nadien zelfs honderdduizenden en miljoenen. Ze zijn kenmerkend voor de kritische omwenteling in een periode waarin de verhoudingen tussen leeftijden ook veranderen.

13/ "IS HET WAAR DAT HET BOLSJEWISME RELIGIE AFSTRAFT EN RELIGIEUZE ACTIVITEITEN VERBIEDT?"

Dit is een opzettelijk misleidende bewering die al duizenden keren werd weerlegd met onbetwistbare feiten, bewijzen en ooggetuigenissen. Waarom komt het altijd terug? Omdat de kerk zelf meent dat er sprake is van vervolging als er geen financiële steun van de overheid en fysieke steun van de politie komt en als de tegenstanders niet onderworpen worden aan vervolging. In heel wat landen wordt wetenschappelijke kritiek op godsdienst gezien als een misdaad, in andere landen wordt het slechts getolereerd. In de Sovjet-Unie is dat anders. Goddelijke verering wordt niet als een misdaad gezien, de Sovjet-Unie laat het bestaan van verschillende godsdiensten toe. Tegelijk is er openlijke steun aan materialistische propaganda tegen religie. Dat is wat de kerk interpreteert als religieuze vervolging.

14/ "KLOPT HET DAT DE BOLSJEWISTISCHE STAAT DAN WEL VIJANDIG STAAT TEGENOVER GODSDIENST, MAAR WEL GEBRUIK MAAKT VAN DE VOOROORDELEN VAN DE NIETSWETENDE MASSA'S? ZO DENKEN DE RUSSEN DAT EEN HEILIGE NIET ECHT HEILIG IS TENZIJ ZIJN LIJK HET PROCES VAN ONTBINDING UITDAAGT. IS DAT DE REDEN WAAROM DE BOLSJEWIEKEN HET LIJK VAN LENIN KUNSTMATIG MUMMIFICEREN?"

Neen. Dit is een volledig verkeerde interpretatie op basis van vooroordelen en vijandigheden. Ik kan mij hier des te vrijer over uitspreken omdat ik van bij het begin een vastberaden tegenstander was van het mausoleum waar Lenin ligt. Zijn weduwe, Kroepskaia, was dat overigens ook. Had Lenin op zijn ziekbed ook maar een ogenblik geweten dat zijn lijk zou behandeld worden als dat van een farao, dan leidt het geen twijfel dat hij op voorhand met grote verontwaardiging zou geprotesteerd hebben. Dat was het belangrijkste argument dat ik ook gebruikte. Het lijk van Lenin moet niet gebruikt worden tegen de geest van Lenin.

Ik wees er ook op dat de "onaangetastheid" van het gebalsemde lijk van Lenin zou kunnen aanzetten tot religieus bijgeloof. Krassin die het balsemen verdedigde en blijkbaar ook aan de grondslag van dit idee lag, wierp daartegen op: *"Het tegendeel is waar: wat voorheen een kwestie van mirakels voor de priesters was, wordt een kwestie van technologie in onze handen. Miljoenen mensen zullen nu weten hoe de man die zoveel grote veranderingen in ons land teweegbracht er uitzag. Met de hulp van de wetenschap zullen we de gerechtvaardigde belangstelling van de massa's inlossen en tegelijk leggen we het zogenaamde mysterie van de 'onaangetastheid' uit."*

De bouw van een mausoleum had natuurlijk een politiek doel: het versterken van de autoriteit van de leerlingen doorheen de autoriteit van de leraar. Maar er is geen reden om hierin een geval te zien van kapitaliseren op basis van religieus bijgeloof. De bezoekers aan het mausoleum krijgen te horen dat het lijk niet ontbindt omwille van chemie.

Onze antwoorden hebben niet als doel om de huidige situatie in de Sovjet-Unie rooskleuriger voor te stellen, net zomin als ze de economische en culturele realisaties onderschatten en zoals uit deze antwoorden blijkt, is socialisme geen stadium dat al bereikt is. Het Sovjet regime zal nog lange tijd een overgangsbewind zijn dat vol tegenstrijdigheden zit en extreme moeilijkheden kent. Maar we moeten de feiten in hun proces van ontwikkeling zien. De Sovjet-Unie bouwt op de erfenis van het rijk van de Romanovs. De afgelopen 15 jaar werd het omsingeld door een vijandige wereld. De situatie van een belegerd fort heeft geleid tot erg ruwe elementen in de heerschappij.

HOE HET STALINISME EEN EINDE MAAKTE AAN DE VOORUITGANG

DOOR LEON TROTSKI (1936)

Heel wat stappen vooruit op vlak van vrouwenrechten en collectivisering van huishoudelijk werk werden onder het stalinisme teruggedraaid. De stalinistische bureaucratie kon enkel machtig worden op basis van tekorten als gevolg van het isolement van het achtergebleven Rusland, wat versterkt werd door de militaire operaties van buitenlandse legers. In 'De Verraden Revolutie' brengt Trotski een marxistische analyse van de opkomst van het stalinisme en de betekenis ervan voor de Russische arbeidersklasse. Een onderdeel van die analyse heeft betrekking op het gezin: "Thermidor in de familie."

De Oktoberrevolutie heeft oprecht haar verplichtingen ten aanzien van de vrouw vervuld. De jonge regering gaf haar niet alleen gelijke politieke en wettelijke rechten ten opzichte van de man. Maar, wat nog veel belangrijker is, ze deed alles wat ze kon - in ieder geval veel meer was dan enige andere regering ooit voorheen - om haar toegang tot alle vormen van het economische en culturele leven zeker te stellen. Maar zelfs de meest doortastende revolutie kan vrouwen niet in mannen veranderen. Of beter gezegd, het kan de lasten van zwangerschap, geboorte, zogen en opvoeding van kinderen niet gelijk over man en vrouw verdelen. De revolutie deed een heldhaftige poging om de zogenaamde "hoeksteen" te vernietigen, dat ouderwetse, stoffige en vastgeroeste instituut waarin de vrouwen van de ploeterende massa's van hun kindertijd tot aan hun dood min of meer slavenarbeid moeten verrichten. De plaats van het gezin als een afgesloten mini-onderneming diende volgens de plannen te worden ingenomen door een afgerond systeem van sociale verzorging en voorzieningen met kraamklinieken, crèches, peuterspeelzalen, scholen, publieke kantines, publieke wasserettes, eerstehulpvoorzieningen, ziekenhuizen, sanatoria, sportverenigingen, bioscopen enzovoort. De volledige opname van de huishoudelijke taken van het gezin door de instituten van de socialistische samenleving, die alle generaties zou verenigen en bijstaan, moest de vrouw bevrijden en daarmee ook de elkaar liefhebbende stellen, van de duizend jaar oude boeien. Tot op heden is dit probleem der problemen nog niet opgelost. De veertig miljoen Sovjet gezinnen blijven in overgrote meerderheid broedplaatsen van middeleeuwse vrouwelijke slavernij en waanzin, dagelijkse vernedering van kinderen, honger en kinderlijk bijgeloof. We moeten ons hierover geen illusies maken. En juist om die reden zijn de opeenvolgende veranderingen in het benaderen van de problemen van het gezin in de Sovjet-Unie de beste graadmeter van de werkelijke aard van de Sovjet samenleving en de evolutie van haar heersende laag.

Het bleek onmogelijk de oude familie te overrompelen. Niet omdat de wil ontbrak en niet omdat het oude gezin zo diep in het hart van mensen zat beklonken. Integendeel, na een korte periode van wantrouwen tegenover de regering en haar crèches, peuterspeelzalen en soortgelijke voorzieningen, begonnen de werkende vrouwen en na hen de meer ontwikkelde boeren, de enorme voordelen van collectieve zorg voor kinderen, net als de vermaatschappelijking van het hele gezinsleven, te waarderen. Helaas was de samenleving te arm en te onderontwikkeld. De werkelijke bronnen van de staat kwamen niet overeen met de plannen en de bedoelingen van de Communistische Partij. Je kan het gezin niet 'afschaffen', je moet het vervangen. De werkelijke bevrijding van de vrouw is niet te realiseren op basis van "algemeen gebrek". De ervaring maakte deze harde werkelijkheid, die Marx tachtig jaar geleden al had geformuleerd, duidelijk.

Tijdens de magere jaren aten de arbeiders en hun families zoveel mogelijk in de fabrieken of de publieke kantines en dit feit werd officieel gezien als een overgang naar een socialistische vorm van leven. Het is niet nodig stil te staan bij de bijzonderheden van de verschillende tijdperken, het militaire communisme, de NEP en het eerste vijfjarenplan. Feit is dat vanaf het moment dat het voedselbonnensysteem werd afgeschaft in 1935, al de beter gesitueerde arbeiders weer terugkeerden naar de dinertafel thuis. Het zou onjuist zijn dit te beschouwen als een veroordeling of een stap terug van een socialistisch systeem, dat in zijn algemeenheid nooit is uitgeprobeerd. Maar des te twijfelachtiger was het oordeel van de arbeiders en hun vrouwen over de "sociale voedselvoorziening" die door de bureaucratie werd georganiseerd. Dezelfde conclusie moet worden getrokken ten aanzien van de publieke wasserettes, waar ze het linnen vaker kapot scheuren en stelen, dan dat het wordt gewassen. Terug naar eigen huis en haard! Maar thuis koken en thuis wassen, wat met enige schaamte toch door sprekers en journalisten wordt toegejuicht, betekent de terugkeer van de arbeidersvrouw naar de potten en pannen, oftewel terug naar haar oude slavernij. Het is zeer twijfelachtig of de resolutie van de Communistische Internationale over de *"volledige en onomkeerbare overwinning van het socialisme in de Sovjet-Unie"* erg overtuigend klinkt in de oren van de vrouwen van de fabrieksdistricten!

Het boerengezin, dat niet alleen aan de huisarbeid, maar ook aan de landarbeid is gebonden, is oneindig meer stabiel en conservatief dan het gezin in de steden. Slechts een paar en in het algemeen erg kleine landbouwgemeenschappen introduceerden in de beginperiode publieke kantines en crèches. Volgens de eerste aankondigingen zou de collectivisatie de aanzet geven tot een beslissende verandering op het gebied van het familieleven. Niet voor niets onteigenden ze van de boer niet alleen zijn kippen, maar ook zijn koe. Er was in ieder geval geen gebrek aan aankondigingen over de triomfantelijke opmars van publieke kantines door het hele land. Maar toen de terugtocht begon, kwam de werkelijke situatie achter de bluf boven water. In zijn algemeenheid krijgt de boer van de Kolchoz alleen brood voor hemzelf en voer voor zijn vee. Vlees, zuivelproducten en groenten kan hij bijna alleen bemachtigen via zijn eigen bijbehorende stukje grond. En zodra de meest noodzakelijke levensbehoeften alleen door de persoonlijke inspanningen van het gezin kunnen worden verkregen, kan er geen sprake meer zijn van publieke eetgelegenheden. En zo leggen de dwergboerderijtjes, die een nieuwe basis leggen voor de huiselijke kring, een dubbele last op de schouders van de vrouw.

Het totale aantal reguliere crèches bedroeg in 1932 zeshonderdduizend en de tijdelijke voorzieningen tijdens het landbouwseizoen ongeveer vier miljoen. In 1935 waren er 5,6 miljoen tijdelijke plaatsen, maar de reguliere waren nog steeds een onaanzienlijk deel van het totaal. Daarbij zijn de bestaande crèches, zelfs in Moskou, Leningrad en andere centra niet toereikend voor zelfs de minst kieskeurige eisen. *"Een crèche waar een kind zich slechter voelt dan thuis is geen crèche, maar een slecht kinderasiel,"* zo klaagt een belangwekkende Sovjet krant. Het is geen wonder dat de meer gegoede arbeidersgezinnen de crèches vermijden. Maar voor de overgrote meerderheid van de werkende bevolking is zelfs dit aantal "slechte kinderasielen" onvoldoende. Kort geleden introduceerde het Centraal Uitvoerend Comité een resolutie dat vondelingen en wezen bij privépersonen dienden te worden geplaatst voor hun opvoeding. En dus heeft de bureaucratische regering via haar hoogste orgaan haar bankroet aangekondigd ten aanzien van haar belangrijkste maatschappelijke functie. Het aantal kinderen in peuterspeelzalen steeg gedurende 1930 tot 1935 van 370.000 tot 1.181.000. Het lage cijfer in 1930 is al treffend, maar ook het aantal in 1935 lijkt voor de Sovjet families een druppel in de oceaan. Een nader onderzoek zou ongetwijfeld aantonen dat in principe en in ieder geval de betere peuterspeelzalen ten dienste staan van de gezinnen van de overheid, het technisch personeel, Stachanovisten, ...

Hetzelfde Centraal Uitvoerend Comité was niet lang geleden gedwongen openlijk te erkennen dat de *"resolutie over de afschaffing van dakloze en onverzorgde kinderen maar zwakjes wordt uitgevoerd."* Wat zit er verborgen achter deze klinische bekentenis? Alleen bij toeval, via de kleine berichtjes achterin de krant komen we erachter dat in Moskou meer dan duizend kinderen *"onder buitengewoon moeilijke familieomstandigheden"* leven, dat in de zogeheten kindertehuizen van de hoofdstad 1.500 kinderen zitten die nergens naartoe kunnen en de straat op worden gestuurd, dat gedurende de twee herfstmaanden in Moskou en Leningrad *"7.500 ouders voor de rechter werden geleid omdat ze hun kinderen zonder toezicht achterlieten."* Wat voor zin had het hen voor de rechter te leiden? Hoeveel duizenden ouders wisten te voorkomen voor de rechtbank te verschijnen? Hoeveel kinderen in *"buitengewoon moeilijke omstandigheden"* blijven buiten de statistiek? In hoeverre verschillen buitengewoon moeilijke omstandigheden van gewone moeilijke omstandigheden? Al deze vragen blijven onbeantwoord. Een groot gedeelte van de dakloosheid van deze kinderen, open en bloot, zowel als verborgen, is een direct gevolg van de grote sociale crisis in de loop waarvan het oude gezin sneller uit elkaar valt dan de nieuwe instituten haar kunnen vervangen.

Uit dezelfde toevallige opmerkingen in de kranten en uit delen van criminele verslagen, kan de lezer het bestaan ontdekken van prostitutie in de Sovjet-Unie, de enorme degradatie van vrouwen in het belang van mannen die het kunnen betalen. In de herfst van verleden jaar maakte de Izvestia plotseling aan haar lezers bekend dat in Moskou *"wel duizend vrouwen waren gearresteerd die zich in het geheim te koop aanboden op de straten van de arbeidershoofdstad."* Onder de arrestanten waren 177 er arbeidersvrouwen, 92 klerken, 5 universitaire studentes, etc. Wat dreef hen de straat op? Ontoereikende lonen, gebrek, de noodzaak tot *"een klein beetje extra voor een jurk of schoenen."* Tevergeefs zouden we zoeken naar de inschatting van de omvang van dit maatschappelijk kwaad. De bescheiden bureaucratie draagt de statisticus op te zwijgen. Maar dit afgedwongen stilzwijgen is op zichzelf een onmiskenbaar bewijs van de ontelbaarheid van de "klasse" van Sovjet prostituees. Hier is in feite geen sprake van de *"overblijfselen van het verleden,"* omdat prostituees worden gerekruteerd uit de jongere generaties. Geen enkel weldenkend persoon zou natuurlijk speciaal de schuld voor dit probleem, dat al zo oud is als de beschaving, bij het Sovjet regime leggen. Maar het is bij de aanwezigheid van prostitutie wel onvergefelijk om over de triomf van het socialisme te spreken. De kranten beweren natuurlijk, voor zover het hen is toegestaan over dit prikkelende onderwerp te schrijven, dat *"de prostitutie aan het afnemen is."* Het is mogelijk dat dit in vergelijking met de jaren van honger en achteruitgang (1931-1933) waar is. Maar het herstel van de geldverhoudingen sinds die periode, waarbij alle rationering werd afgeschaft, zal onvermijdelijk tot een nieuwe groei van prostitutie leiden, alsmede een toename van dakloze kinderen. Overal waar er geprivilegieerden zijn, zijn er paria's!

De massale dakloosheid van kinderen is ongetwijfeld het meest onmiskenbare en tragische symptoom van de moeilijke omstandigheden voor de moeder. Over dit onderwerp is zelfs de optimistische Pravda soms gedwongen een bittere bekentenis te doen. *"De geboorte van een kind is voor veel vrouwen een serieuze ramp voor haar positie."* Juist om deze reden gaf de revolutionaire macht de vrouwen het recht van abortus, wat in omstandigheden van armoede en gebrek een van haar meest belangrijke civiele, politieke en culturele rechten is, wat er over dit onderwerp ook gezegd wordt door de eunuchen en oude vrijsters van beide seksen. Maar ook dit recht van de vrouw, hoe duister ook op zichzelf, wordt onder de bestaande sociale ongelijkheid veranderd in een privilege. De kleine stukjes informatie over abortuspraktijken die af en toe doordruppelen in de media zijn vreselijk. En dus passeerden door een dorpshospitaal in een van de districten van de Oeral *"195 vrouwen die door vroedvrouwen werden verminkt,"* onder hen 33 werkende vrouwen, 28 administratieve krachten, 65 kolchozenvrouwen, 58 huisvrouwen. Dit Oeraldistrict verschilt van de anderen in die zin dat hier de informatie over wat er gebeurt in de media terecht is gekomen. Hoeveel vrouwen worden er dagelijks verminkt over de gehele Sovjet-Unie?

Na haar ongeschiktheid te hebben bewezen om vrouwen, die gedwongen zijn zich te laten aborteren, van de noodzakelijke medische steun en middelen te voorzien, maakte de staat een scherpe koerswending en is de weg van voorbehoedsmiddelen ingeslagen. En zoals met alles maakt de bureaucratie van de nood een deugd. Een van de leden van het hoogste Sovjet rechtscollege, Soltz, een specialist op het gebied van echtelijke problemen, baseert het aanstaande verbod op abortus op het feit dat in een socialistische samenleving waar geen werkloosheid en dergelijke meer bestaat, een vrouw geen recht heeft de *"vreugde van het moederschap"* af te wijzen. De filosofie van de priester, afgedwongen met de macht van de gendarme. We hoorden pas nog van het centrale orgaan van de regerende partij dat de geboorte van een kind voor veel vrouwen, en het zou eerlijker zijn te zeggen voor de overweldigende meerderheid van de vrouwen, *"een ramp voor haar positie is."* We hoorden zojuist nog van het hoogste Sovjet instituut dat *"de afschaffing van de dakloze en onverzorgde kinderen zwak wordt uitgevoerd,"* wat onvermijdelijk een nieuwe toename in dak- en thuisloze kinderen zal betekenen. Maar hier informeert de hoogste Sovjet rechter ons dat in een land waar *"het leven gelukkig is"* abortus met gevangenisstraf moet worden bestraft, precies zoals in de kapitalistische landen waar het leven zorgelijk is. Het is vooraf al duidelijk dat in de Sovjet-Unie, net als in het Westen, het voornamelijk de werkende vrouwen, dienstbodes, en boerinnen zullen zijn die moeite hebben hun problemen te verbergen en in de handen van de gevangenisbewaarders vallen. Wat betreft 'onze vrouwen', die voorzien zijn in de vraag naar fijne parfums en andere aangename zaken, zij zullen zoals voorheen doen wat ze noodzakelijk vinden en dit rechtstreeks onder de neus van een toegefelijke gerechtsdienaar. *"We hebben mensen nodig,"* concludeert Soltz, zijn ogen sluitend voor de daklozen. *"Wees dan zo goed om ze zelf te baren,"* zou het antwoord van de miljoenen werkende vrouwen aan deze hoge rechter kunnen zijn, moest de bureaucratie hen niet het zwijgen opgelegd hebben. Deze heren zijn naar het schijnt helemaal vergeten dat het socialisme was bedoeld om de oorzaken die vrouwen tot abortus dreef weg te nemen en niet om hen te dwingen tot de *"vreugde van het moederschap"* met behulp van de smerige inbreuk door de politie in wat voor elke vrouw de meest intieme levensaangelegenheid is.

Het ontwerp van de anti-abortuswet werd onderworpen aan de zogeheten universele publieke discussie en zelfs door de fijne zeef van de Sovjet media sijpelden veel bittere klachten en er waren zelfs verkapte protesten. De discussie werd net zo abrupt afgebroken als zij was aangekondigd en op 27 juni veranderde het Centraal Uitvoerend Comité dit schandalige ontwerp in een drievoudig schandalige wet. Zelfs sommige van de officiële mooipraters van de bureaucratie voelden zich in verlegenheid gebracht. Louis Fischer verklaarde dat dit stuk wetgeving een betreurenswaardig misverstand moest zijn. In werkelijkheid is deze nieuwe wet tegen vrouwen - met een uitzondering ten voordele van de dames - een natuurlijk en logisch gevolg van een thermidoriaanse reactie.

De triomfantelijke rehabilitatie van het gezin, die simultaan plaatsvond met de herinvoering van de roebel (welk een gelukkig toeval!) wordt veroorzaakt door het materiële en culturele bankroet van de staat. In plaats van openlijk te zeggen: *"We zijn helaas nog steeds te arm en onderontwikkeld om socialistische verhoudingen tussen de mensen te creëren, onze kinderen en kleinkinderen zullen dit doel realiseren,"* dwingt de leiding het volk om de scherven van het gebroken gezin weer te lijmen en niet alleen dat. Onder dreiging van extreme straffen wordt de bevolking verplicht dat gezin als de gewijde kern van het triomfantelijke socialisme te beschouwen. Op het eerste gezicht is de mate van deze achteruitgang moeilijk in te schatten.

Alles en iedereen wordt meegesleurd in deze nieuwe koers: wetgever en de literator, rechtbank en de militie, krant en klaslokaal. Wanneer een oprechte en naïeve communistische jongere in zijn blad dapper durft te schrijven: *"Je kan je beter druk maken over het probleem hoe we vrouwen uit de klauwen van het gezin kunnen bevrijden,"* krijgt hij als antwoord een paar ferme klappen en... zwijgt. De ABC's van het communisme worden afgedaan als *"linkse excessen."* De domme en vastgeroeste vooroordelen van onontwikkelde betweters worden heropgevoerd in de naam van een nieuwe moraal. En wat gebeurt er in het dagelijkse leven in de hoeken en gaten van dit onmetelijke land? De media weerspiegelt slechts in beperkte mate de diepte van de thermidoriaanse reactie in de familiesfeer.

Aangezien de nobele passie van het evangelisme toeneemt naarmate de zonde toeneemt, begint het zevende gebod[1] grote populariteit te verwerven onder de heersende laag. De Sovjet moralisten hoeven alleen de fraseologie een beetje aan te passen. Er is een campagne begonnen tegen teveel en te makkelijk scheiden. De creatieve geesten van de wetgevers hebben al een passende 'socialistische' maatregel bedacht, waarbij er geld betaald moet worden om een scheiding te registreren en dit bedrag loopt op bij de daaropvolgende scheidingen. Niet voor niets merkten we op dat de heropleving van het gezin hand in hand gaat met een toename van de educatieve rol van de roebel. Een belasting maakt registratie ongetwijfeld moeilijk voor diegenen die al moeite met betalen hebben. Voor de bovenste kringen mogen we hopen dat de belasting geen enkele probleem oplevert. Bovendien, mensen die mooie appartementen bezitten, auto's en andere mooie spullen, arrangeren hun persoonlijke aangelegenheden wel dusdanig dat dit gepaard gaat zonder onnodige publiciteit en dus ook zonder registratie. Het is alleen aan de onderkant van de samenleving dat prostitutie een zwaar en vernederend karakter heeft. Aan de top van de Sovjet samenleving, waar de macht wordt gecombineerd met comfort, krijgt prostitutie de vorm van kleine "wederdiensten" en zelfs een aspect van de *"socialistische familie."* We hebben van Sosnovsky al gehoord over het belang van

---

1 'Gij zult geen overspel plegen' is binnen de orthodoxe kerk het zevend gebod

de "auto-harem" factor in de degeneratie van de heersende laag.

De lyrische, academische en andere "vrienden van de Sovjet-Unie" hebben ogen die niet kunnen zien. De huwelijks- en gezinswetten die door de Oktoberrevolutie werden gevestigd, eens een object van terechte trots, worden omgevormd en mismaakt door grootscheeps leentjebuur bij de wetgeving van de burgerlijke landen te spelen. En als het de bedoeling was om het verraad met zotheid erin te stampen, worden dezelfde argumenten die eerder naar voren werden gebracht ten voordele van onvoorwaardelijke vrijheid van scheiding en abortus, *de bevrijding van de vrouw," "verdediging van het recht van de individu," "bescherming van het moederschap,"* nu herhaald ten behoeve van haar inperking en volledige afschaffing.

Deze terugtocht neemt niet alleen vormen van weerzinwekkende schijnheiligheid aan, maar ze gaat ook oneindig veel verder dan de ijzeren economische noodzakelijkheid vereist. Bij de objectieve oorzaken die deze terugtocht tot zulke burgerlijke vormen als het betalen van alimentatie bracht, moet het sociale belang van de heersende laag in een grotere werking van de burgerlijke wetgeving worden gerekend. Het meest fascinerende motief achter de huidige familiecultus is ongetwijfeld de noodzaak van de bureaucratie naar stabiele hiërarchische verhoudingen en het disciplineren van de jeugd door middel van 40 miljoen steunpunten in autoriteit en macht.

Toen de hoop nog leefde dat de scholing van de nieuwe generaties in de handen van de staat zou liggen, was de regering helemaal niet geïnteresseerd om de autoriteit van het "gezin" te steunen, met name die van de vader en de moeder, maar deed ze integendeel haar uiterste best om de kinderen van het gezin te scheiden en ze op die manier te beschermen tegen de tradities van een vastgeroeste levenswijze. Nog maar kort geleden, in de loop van het eerste vijfjarenplan, gebruikten de scholen en de Communistische Jeugd kinderen in het aan de kaak stellen, beschuldigen en "heropvoeden" van hun dronken vaders en religieuze moeders. Met welk succes dat gebeurde, is een heel andere vraag. Hoe dan ook betekende deze methode een fundamentele aantasting van het ouderlijk gezag. Ook op dit niet onbelangrijke terrein is inmiddels een scherpe koerswending gemaakt. Samen met het zevende, is nu ook het vijfde gebod[2] weer in al haar luister hersteld, tot op heden nog zonder verwijzingen naar God. Maar ook de Franse scholen doen het zonder die toevoeging en dat weerhoudt ze er niet van om succesvol routine en conservatisme in te prenten.

---

2 'Eer uw vader en uw moeder'

Aandacht voor de autoriteit van de oudere generatie heeft trouwens al geleid tot een aanpassing in het beleid ten aanzien van het geloof. De ontkenning van God, zijn hulp en zijn wonderen was wel de scherpste wig van alle, waarmee de revolutionaire macht een kloof schiep tussen kinderen en ouders. Te ver vooruitlopend op de ontwikkeling van de cultuur, serieuze propaganda en wetenschappelijke scholing, verviel het gevecht tegen de kerk onder leiding van types zoals Jaroslavski vaak tot allerhande fratsen en wangedrag. Het bestormen van de hemel, net als dat van de familie, is nu een halt toegeroepen. De bureaucratie is bezorgd om haar reputatie van respectabiliteit en heeft de jonge 'goddelozen' bevolen hun harnas in te leveren en rustig hun boeken te bestuderen. Ten aanzien van de religie wordt er stap voor stap een regime van ironische neutraliteit gevestigd. Maar dat is pas de eerste fase. Het is niet moeilijk om de tweede en de derde te voorspellen, als de loop der ontwikkelingen alleen afhankelijk zouden zijn van de huidige autoriteiten.

De schijnheiligheid van de heersende opinie ontwikkelt zich overal en altijd als het vierkant of de kubus van de sociale tegenstellingen. Zo ziet in ieder geval de historische wetmatigheid van ideologie eruit, als ze wiskundig zou worden vertaald. Socialisme, waar het deze naam waardig is, betekent menselijke relaties zonder hebzucht, vriendschap zonder jaloezie en intriges en liefde zonder berekening. Volgens de officiële doctrine zijn deze ideale normen al gerealiseerd, en des te vasthoudender en luider protesteert de realiteit tegen zulke verklaringen. *"Op basis van de echte gelijkheid van man en vrouw,"* zegt bijvoorbeeld het nieuwe programma van de Communistische Jeugd, aangenomen in april 1936, *"ontstaat er een nieuw soort gezin, wiens groei en bloei van belang is voor de Sovjet staat."* Een officieel commentaar weet hieraan toe te voegen: *"In de keuze van een levensgezel, man of vrouw, kent onze jeugd maar een drijfveer, een impuls: liefde. Het burgerlijke verstandshuwelijk bestaat niet voor onze groeiende generatie."* (Pravda, 4 april 1936). Voor wat betreft de gewone werkman en vrouw is dit min of meer juist. Maar het "huwelijk om het geld" is ook zeldzaam onder arbeiders in de kapitalistische landen. Die zaken staan er in de midden- en toplagen heel anders voor. Nieuwe sociale groeperingen drukken automatisch hun stempel op de persoonlijke relaties. De verdorvenheden die geld en macht creëren in seksuele relaties bloeien zo weelderig in de rijen van de Sovjet bureaucratie dat het wel lijkt of ze zich tot doel heeft gesteld op dit gebied de Westerse burgerij te overtreffen.

In volledige tegenstelling tot de zojuist aangehaalde passage in de Pravda, zijn de 'verstandshuwelijken', zoals de Sovjet media per ongeluk of in onvermijdelijke openheid opbiecht, weer schering en inslag. Kwalificaties, salaris, vast werk, het aantal strepen op het uniform, krijgen weer meer en meer betekenis, want hier zijn kwesties als schoenen, bontjassen, appartementen, badkamers en de ultieme droom van auto's aan verbonden. Het simpele gevecht om woonruimte leidt in Moskou ieder jaar tot vele gevallen van huwelijk, dan wel scheiding. De kwestie van kruiwagens in de familie zijn van buitengewoon belang geworden. Het is nuttig om als schoonvader een militair bevelhebber of vooraanstaand communist te hebben, als schoonmoeder de dochter van een hoge functionaris. Moeten we hier verbaasd over zijn? Kon het wel anders?

Een van de meest dramatische hoofdstukken in het grote boek van de Sovjets zal het verhaal zijn van de desintegratie en uiteenvallen van die Sovjet families waar de man, als partijlid, vakbondslid, militaire bevelvoerder of bestuurder, groeide en zich ontwikkelde en nieuwe geneugten des levens verwierf, terwijl de vrouw, gebukt onder haar gezinstaken, op het oude niveau bleef steken. De weg van de twee generaties van de Sovjet bureaucratie ligt bezaaid met de tragedies van verstoten en achtergelaten vrouwen. Hetzelfde valt nu waar te nemen bij de nieuwe generatie. Misschien dat de meest wrede en brute gevallen wel waar te nemen zijn in de top van de bureaucratie, waar een groot percentage uit ongelikte beren bestaat, die denken dat ze alles mogen. De archieven en memoires zullen op zekere dag de openlijke misdaden blootleggen ten aanzien van de echtgenotes en vrouwen in het algemeen, door die evangelisten van de gezinsmoraal en de afgedwongen *"vreugdes van het moederschap,"* die dankzij hun positie immuun voor rechtsvervolging zijn.

Nee, de Sovjet vrouw is nog niet vrij. Volledige gelijkheid van man en vrouw heeft oneindig meer opgeleverd voor de vrouwen van de bovenste lagen, vertegenwoordigers van de bureaucratie, technisch en pedagogisch personeel en algemeen gesteld de hogergeschoolden, dan voor de werkende vrouwen en zeker voor de plattelandsvrouwen. Zolang de samenleving niet in staat is de materiële zorgen van het gezin op zich te nemen, kan de moeder alleen succesvol een sociale functie vervullen als ze een witte slaaf tot haar beschikking heeft: kindermeisje, dienstbode, kokkin, ... Van de 40 miljoen gezinnen waaruit de bevolking van de Sovjet-Unie bestaat, heeft 5 procent, of misschien 10 procent hun 'huis en haard' direct of indirect gebouwd op huishoudelijke slavenarbeid. Een accurate volkstelling van de dienstbodes zou net zo belangrijk zijn voor een socialistische waardering voor de positie van de vrouw in de Sovjet-Unie, als het complete Sovjet wetboek, hoe progressief deze ook moge zijn. Maar juist om die reden wordt door Sovjet statistici de dienstbode verborgen achter termen als "werkende vrouw" of "en anderen"! De omstandigheden van de moeder van het gezin van een gewaardeerde communist is aldus: zij heeft een kokkin, een telefoon om bestellingen in de winkels te doen, een auto voor boodschappen enzovoort en vertoont weinig tot geen overeenkomsten met de omstandigheden van de werkende vrouw die gedwongen is de winkels af te lopen, zelf het eten te bereiden en te voet haar kinderen naar de crèche te brengen, als er al een crèche beschikbaar is. Geen enkel socialistisch naambordje kan dit sociale contrast verhullen, dat niet minder treffend is als het contrast tussen de burgerlijke dame en de arbeidersvrouw in welk westers land dan ook.

De gewone socialistische familie die door de maatschappij verlost zal worden van de dagelijkse kwelling van de ondraaglijke en vernederende zorgen, heeft geen behoefte aan welke reglementen dan ook en het hele idee van wetten over abortus en scheiding zal binnen haar muren niet beter klinken dan de herinnering aan bordelen of menselijke offers. De wetgeving na oktober nam een grote stap in de richting van zo'n familie. De economische en culturele onderontwikkeldheid hebben een wrede reactie geproduceerd. De thermidoriaanse wetgeving betekent een terugtocht naar de burgerlijke modellen en de aftocht wordt gedekt door foute toespraken over de heiligheid van de "nieuwe" familie. Ook in deze kwestie verbergt het socialistische bankroet zich onder hypocriete respectabiliteit.

Er zijn oprechte waarnemers die, met name over het kindervraagstuk, geschokt zijn door het contrast tussen de hoogstaande principes en de wrede realiteit. Juist het feit dat er furieuze criminele maatregelen worden genomen tegen dakloze kinderen is voldoende om te suggereren dat de socialistische wetgeving ter verdediging van vrouwen en kinderen pure schijnheiligheid is. Er zijn waarnemers van een heel ander kaliber die worden misleid door de grootsheid van die ideeën die worden ingekleed in de vorm van wetten en administratieve instituten. Als ze wanhopige moeders zien, prostituees en dakloze kinderen, dan vertellen deze optimisten elkaar dat een verdere groei van de materiële welvaart geleidelijk de socialistische wetten zal voorzien van vlees en bloed. Het is moeilijk uit te maken welke van deze twee benaderingswijzen schadelijker is en meer de plank misslaat. Alleen mensen die getroffen zijn door een historische blindheid zullen er niet in slagen om de doortastendheid en brede karakter van het maatschappelijke plan te zien, het belang van de eerste fases van haar ontwikkeling en de enorme mogelijkheden die hierdoor worden geopend. Aan de andere kant is het onmogelijk om niet verontwaardigd te zijn over het passieve en in feite onverschillige optimisme van diegenen die hun ogen sluiten voor de groei van de sociale tegenstellingen en zichzelf geruststellen met naar een toekomst te kijken, waarvan ze voorstellen om de sleutel respectvol in de handen van de bureaucratie te laten. Alsof de gelijkberechtiging van man en vrouw al niet was omgezet in de gelijkheid van ontzegging van die rechten door diezelfde bureaucratie! En alsof het in een of ander boek der wijsheid vetgedrukt staat, geloven ze dat de Sovjet bureaucratie geen nieuwe onderdrukking maar vrijheid zal brengen.

Hoe de man de vrouw tot slaaf maakte, hoe de uitbuiter ze beiden onderwierp, hoe de zwoegers tegen de prijs van bloed hebben geprobeerd zichzelf van slavernij te bevrijden, maar alleen de ene ketting voor de andere hebben ingeruild, daar vertelt de geschiedenis ons veel over. Maar hoe in werkelijkheid het kind, de vrouw, de mens te bevrijden? Daarvoor zijn nog geen betrouwbare modellen. Alle historische ervaringen uit het verleden, volledig negatief, vereisen van de werkenden op zijn minst en in de eerste plaats een onverzoenlijk wantrouwen tegen alle bevoorrechte en ongecontroleerde bewakers.